新世纪高职高专交通运输管理类系列教材

城市轨道交通客运服务标志

主　编　永　秀

副主编　毕　胜

参　编　李健艺　朱逸云

机械工业出版社

标志，是指带有文字或图形的视觉展示，用来传递信息或吸引注意力。客运服务标志系统的设计、生产、安装、维护以及应用，贯穿了城市轨道交通的设计、建设和运营等各个阶段。合理、科学、完善的客运服务标志系统是城市轨道交通实现精细化服务的主要途径。

本书由浅入深地剖析标志在城市轨道交通客运组织中的重要作用，介绍国际、国内各大城市的标准化应用，结合大量具体案例和现场图片，将理论和实际应用有效地结合起来，阐述轨道交通车站内外标志的具体设置原则及注意事项。全书分八章，内容包括：标志概述、客运服务标志组成及分类、客运服务标志设置、定位与导向标志、综合信息标志、安全标志、消防安全标志、其他标志。

本书可作为高职高专及中职中专城市轨道交通相关专业的教学用书，也可供从事城市轨道交通设计、建设、运营等工作的专业技术人员参考，还可作为城市轨道交通运营管理岗位人员的培训教材。

图书在版编目（CIP）数据

城市轨道交通客运服务标志 / 永秀主编 . —北京：机械工业出版社，2016.1（2025.9 重印）

新世纪高职高专交通运输管理类系列教材

ISBN 978-7-111-52663-6

Ⅰ. ①城… Ⅱ. ①永… Ⅲ. ①城市铁路—轨道交通—客运服务

—铁路标志—高等职业教育—教材 Ⅳ. ① U213.8

中国版本图书馆 CIP 数据核字（2016）第 005941 号

机械工业出版社（北京市百万庄大街 22 号 邮政编码 100037）

策划编辑：孔文梅　　　责任编辑：孔文梅

责任校对：黄兴伟　　　封面设计：马精明

责任印制：张　博

北京建宏印刷有限公司印刷

2025 年 9 月第 1 版第 8 次印刷

184mm×260mm・9.5 印张・205 千字

标准书号：ISBN 978-7-111-52663-6

定价：45.00 元

电话服务　　　　　　　　网络服务

客服电话：010-88361066　　机　工　官　网：www.cmpbook.com

　　　　　010-88379833　　机　工　官　博：weibo.com/cmp1952

　　　　　010-68326294　　金　书　网：www.golden-book.com

封底无防伪标均为盗版　　机工教育服务网：www.cmpedu.com

前言 / Preface

城市轨道交通主要作用是提供客运服务，客运服务标志系统的设计、生产、安装、维护以及应用，贯穿了城市轨道交通的设计、建设和运营等各个阶段。合理、科学、完善的客运服务标志系统是城市轨道交通实现精细化服务的主要途径。

如何通过设置在轨道交通车站内外以及列车车厢内的客运服务标志提供适当、合理、科学的视觉和触觉信息，给各种乘客必要的引导、提示和警示，确保乘客方便、快捷、安全地出行，准确体现轨道交通客运服务理念，是各城市轨道交通运营企业技术、管理、服务和维护人员需要熟练掌握的技能。但是，截至目前，关于轨道交通客运服务标志领域的教材还是一片空白，亟需填补。

本书正是基于这样的考虑，按照职业教育"以必需、够用为度"的原则，分为八章：标志概述、客运服务标志组成及分类、客运服务标志设置、定位与导向标志、综合信息标志、安全标志、消防安全标志、其他标志等，由浅入深地剖析标志在城市轨道交通客运组织中的重要作用，介绍其在国际、国内各大城市的标准化应用，结合大量具体案例和现场图片，将理论和实际应用有效地结合起来，阐述轨道交通车站内外标志的具体设置原则及注意事项。本书可作为高职高专及中职中专城市轨道交通相关专业的教学用书，也可供从事城市轨道交通设计、建设、运营等工作的专业技术人员参考，还可作为城市轨道交通运营管理、服务岗位人员的培训教材。

本书由从事轨道交通运营管理工作20多年的高级工程师永秀主编。永秀负责全书框架及编写思路的设计以及全书的统稿工作。编写分工如下：第一章由李健艺编写，第二章由永秀、毕胜编写，第三章由永秀、朱逸云编写，第四章、第五章由毕胜编写，第六章、第七章由朱逸云编写，第八章由毕胜、李健艺编写，本书课后练习由毕胜提供。编写人员均在轨道交通运营企业一线工作多年，具有全面的理论功底和丰富的现场实践经验。

本书配有电子教案，凡使用教材的教师可登录机械工业出版社教育服务网www.cmpedu.com免费下载。咨询电话：010-88379375，服务QQ：945379158。

城市轨道交通的发展日新月异，轨道交通运营管理模式也在不断改进和优化。由于编写人员实践经验及专业技术水平受区域和时间阶段的限制，书中对各种问题的处理和分析难免存在偏颇或不足，敬请读者反馈意见，以便今后修订和完善，期待广大读者和同行提出宝贵意见。

编　者

Content 目录

第一章
标志概述

1

第一节　标志的作用

在生活中，我们时常会遇到在街头、医院、商场、公园等公共场所找不到目的地而急得团团转的情况。缺乏必要的导示标志、已有标志不完善或者不清晰、标志上的文字或图形错误等，是造成我们在寻找目标和确定方位时"抓瞎"的主要原因。

一、什么是标志

标志，是指带有文字或图形的视觉展示，用来传递信息或吸引注意力。标志可以给身处城市中各种场所里的人们提供指引和便利。

对于任何城市或任何建筑而言，具有鲜明、优美的标志系统，是其形象和身份识别的重要组成部分，是城市和建筑设计人性化不可忽略的一部分，是城市和建筑向精细化发展的重要象征。

如图1-1所示，该图本身是一个图形的视觉展示，但对于上海市民来说，这个图形就是地铁的标志，可以方便地引导市民找到地铁出入口。而对于第一次来到上海的人们，一旦认准这个标志，就可以自助畅游地铁沿线景观了。

如图1-2所示，该图在许多公共场所都会见到，温馨提示市民注意行为举止、注意安全。

图1-1　上海地铁标志　　　　　图1-2　公共场所提示类标志

对于多数人来说，走到任何一个城市，对于以下几个图案都会很熟悉，如图1-3所示，火车站、飞机场、加油站等，就因为这些图案已有了广泛的通识性。

图1-3 火车站、飞机场、加油站

二、标志的应用

在城市的发展初期，当一个人来到一个陌生的城市，要想顺利地到达目的地，必须借助于问路，因此一个地方的风土人情、当地人的热情程度、方言俚语都成为你对这个城市的特殊记忆。当城市越来越大，信息越来越多元时，问路已不能满足指路的需求，标志就显得越来越重要，应用范围也越来越广泛。

如今，标志的应用极大地方便了人们的出行，不管你是开车还是步行，都有相应的标志在合适的位置给出明确的指引。当然，一个城市、一座建筑、一个旅游景点等对标志的应用或设置的不同，达到的效果也千差万别。

总体来讲，目前在我国，标志的设计和应用还不够成熟、完善，重设计而轻标志、重建筑而轻导向的现象普遍存在。公共标志的不规范、不准确、随意性，给人们在城市的生活造成了诸多不便甚至尴尬。

一位游客在某度假酒店的洗手间前犹豫、徘徊不敢进去，等到一位男士出来，这位游客用手势询问后才走进洗手间。因为，这个洗手间标识牌中男性人像用了红色，而在国际标准中红色表示男性禁用此洗手间。

我国有一整套与国际接轨的公共信息图形符号标志的标准，如按标准，"红色"表示"禁止"，"蓝色"表示"指令"，"黄色"代表"警告"，"绿色"代表"提示和导向"。但在使用过程中，不严格按照标准执行的还有不少，其中较为突出的情况就是讲究"标新立异"，力求与众不同。

现代社会倡导创意，但"太有创意"的标志也造成识别混乱，如：用烟斗、礼帽代表男洗手间，高跟鞋代表女洗手间等，如图1-4所示。

图1-4 某场所使用的洗手间标志

标志牌大小、位置、方向、图标、文字设置不合理，不但起不到指向作用，而且破坏了环境建筑美观和妨碍信息传递，造成了安全隐患。

如何建设现代化、国际化城市？其中一个标准就是需要让标志国际化、标准化。必须按国际标准统一规范公共标志的应用，注重标志的国际通用性，便于国际与地区的交流，并且易被各种文化程度的人接受。

大力倡导统一规范的公共标志，通过科学方法制定信息内容、合理选择设置位置，使标志表达的信息内容"醒目清晰，通俗易懂"，从而引导来自不同地区、不同文化背景的人们能够通过标志信息准确到达各个目的地，让国际与地区的交流无语言障碍，这是城市走向现代文明的必然之路。

第二节 城市轨道交通标志

一、城市轨道交通的识别

城市轨道交通在最初被习惯性地称为地铁，在英文环境中，根据各城市类似系统的发展起源和使用习惯的不同，常用称谓包括以下几种：Metro（巴黎、中国大陆地区）、MRT（新加坡、我国台湾地区等）、MTR（我国香港）、Overground（特指地上轨道）、Railway（特指地上轨道）、Subway（美国及周边地区）、Underground（伦敦），如图1-5所示。

图1-5 巴黎地铁、纽约地铁、伦敦地铁

世界上首条地下铁路系统是1863年开通的"伦敦大都会铁路"（Metropolitan Railway），是为了解决当时伦敦的交通堵塞问题而建。

法国的巴黎地铁在1900年开通，最初的法文名字"Chemin de Fer Métropolitain"（法文直译意指"大都会铁路"）是从"Metropolitan Railway"直接译过去的，后来缩短成"métro"，所以现在很多城市轨道系统都称"metro"。

俄罗斯的地铁也顺理成章，只是改用了西里尔字母，称为MerTpo。

二、各国城市轨道交通的LOGO

LOGO与企业的经营紧密相关，LOGO是企业日常经营活动、广告宣传、文化建设、对外交流必不可少的元素，随着企业的成长，其价值也不断增长。LOGO设计将具体的事物、事件、场景和抽象的精神、理念、方向通过特殊的图形固定下来，使人们在看到LOGO的同时，自然地产生联想，从而对企业产生认同。各城市轨道交通企业的LOGO在为企业宣传服务的同时，也给市民乘坐轨道交通带来了方便，起到了导向标志的作用。

"地铁"在全球大多数国家中都叫作"metros",所以地铁的标志多少都和"metros"中的"m"有关。

世界各国的地铁LOGO有各种各样的设计,大多数地铁都会把LOGO标志设置在车站入口,或者印在列车车厢、路线图和车票上。在一些国家或城市里,地铁LOGO代表着整个地铁系统;而在另一些国家或城市里,地铁LOGO只代表某一条地铁线路或者负责经营某一地铁线路的公司。所以有些国家的地铁只有一个LOGO,比如德国、意大利、西班牙;而有些国家的地铁LOGO有很多个,比如俄罗斯。

意大利的地铁LOGO是红色的M(如图1-6所示),德国的地铁LOGO是一个蓝色的U(如图1-7所示)。在俄罗斯,地铁LOGO大多使用代表莫斯科Moscow的红色斜体M。

图1-6　意大利罗马

图1-7　德国柏林

地铁作为城市重要的交通工具,每天运载着不同的人到达城市的各个地点。地铁标志作为城市交通工具的形象和符号,已成为城市的特色、城市精神的物化,同时也成为城市实力的一种展示。

三、我国城市轨道交通的LOGO

我国城市轨道交通建设起步较晚,在初期由于建设成本高、后期维护费用巨大,只有少数几个城市建设了地铁。

近年来,我国北京、上海等特大城市都在以超常规速度建设城市轨道交通。继北京、上海、广州、天津之后,深圳、武汉、长春、成都、大连、重庆等城市也相继拥有了城市轨道交通系统,轨道交通已经成为我国缓解大城市交通拥堵的重要手段。

1. 北京

北京是中国第一个建设地铁的城市,第一条地铁于1969年10月建成通车。北京地铁LOGO如图1-8所示,外形采取圆形,以字母"G"构成,表示地铁隧道,中间是字母"D",为"地铁"拼音的首字母,D的内心是字母"B",表示"北京"。三个字母构成"北京高速电车"(现"北京地铁")的缩写。

2. 香港

香港是中国第二个拥有地铁的城市,1979年10月,香港石峡尾—观塘线正式通车。香港地铁LOGO如图1-9所示。图案有三重寓意,首先是代表香港本岛与九龙半岛之间有地铁贯通；其次是代表地铁的两个车站与一个区间；最后图案的字形类似中国"寿"字的古体，喻平安吉祥之意。

3．天津

天津是中国第三个拥有地铁的城市，天津地铁始建于1970年4月7日，地铁工程由于中国当时实行的停缓建政策，再加上资金限制被迫停建。1981年重新启动，1984年12月28日建成通车。天津地铁LOGO如图1-10所示，红色的圆形外形象征地铁隧道特别是盾构形成的圆形洞体，整体图形以"TIANJIN"的"T"为核心元素，白色部分构成"T"形，与顶部红色部分交相辉映，整体图形外观似一个"天"字。

图1-8　北京地铁LOGO　　　　图1-9　香港地铁LOGO　　　　图1-10　天津地铁LOGO

4．上海

上海是中国第四个拥有地铁的城市，1994年12月，上海地铁1号线一期工程建成通车。上海地铁LOGO如图1-11所示，其圆形的标徽由英文字母S和M组成，其中S代表上海（即SHANGHAI），M表示地铁，而圆弧状形似地铁的圆形区间隧道；M又像在隧道内相向行驶的两辆地铁列车。

5．广州

广州是中国第五个拥有地铁的城市，1998年12月，广州地铁1号线建成通车。广州地铁LOGO如图1-12所示，标志的主要含义有以下几种：①Yangcheng的"Y"缩写，是一个抽象的"山羊"，象征广州市市徽"山羊"，具有明显的羊城地域特征；②胜利的手势、欣欣向荣；③无限延伸的两条铁轨，四通八达。

图1-11　上海地铁LOGO　　　　图1-12　广州地铁LOGO

6．深圳

深圳是中国第六个拥有地铁的城市，2004年12月，深圳地铁1号线一期和4号线一期工程建成通车。深圳地铁LOGO如图1-13所示，为圆形，里边上、下两个半圆，中心部分有两条平行线。其含义为：上、下两个半圆代表地铁运行隧道，两条平行线代表地铁轨道；以圆为背景，揭示深圳地铁置身于全球经济一体化之中；以绿色为形象识别色，蕴涵地铁运行的"安全、快捷、环保"，同时昭示深圳地铁蓬勃发展的生命力。

7. 南京

南京是中国第七个拥有地铁的城市，2005年9月，南京地铁1号线一期工程建成通车。南京地铁LOGO如图1-14所示，外形是梅花造型。梅花是南京市的市花，象征南京。中间有一个M造型，取地铁英文Metro的首字母，象征地铁。

图1-13　深圳地铁LOGO　　　　图1-14　南京地铁LOGO

其他诸多国内城市也陆续拥有轨道交通，也有了各自的轨道交通LOGO，人们可以通过不同特色的轨道交通LOGO探知那个城市的特质。如图1-15所示，依次为杭州地铁、苏州地铁、无锡地铁；如图1-16所示，依次为郑州地铁、西安地铁、成都地铁；如图1-17所示，依次为沈阳地铁、昆明地铁、长沙地铁。

图1-15　杭州地铁、苏州地铁、无锡地铁

图1-16　郑州地铁、西安地铁、成都地铁

图1-17　沈阳地铁、昆明地铁、长沙地铁

第三节 城市轨道交通客运服务与标志

一、概述

城市轨道交通，顾名思义就是以轨道为媒介和基础，形成专供轨道交通列车运行的线路，最终达到运输乘客的目的。城市轨道交通具有运量大、速度快、能耗低、污染少、可靠性高、舒适性佳、占地面积少等多方面的优势，这些优势决定了城市客运交通发展的方向是构筑一个科学、合理、完善的轨道交通网。

城市轨道交通主要作用是提供客运服务，因此轨道交通设计、建设、运营都围绕着"客运服务"这一主旨进行，标志也不例外，是为"客运"服务的，标志的设置是车站客流组织和服务理念的准确体现。因此，认识和了解客运服务标志，必须先了解城市轨道交通的客运服务。而了解客运服务，必须先了解车站。

二、认识车站

列车、线路、车站是城市轨道交通网络的基本构成要素，城市轨道交通的线路是全封闭形式，实现高密度、高速度的列车运行组织。因此地下线处于自然封闭隧道中，地面线和高架线则在沿线设置防护墙或防护网，与外界保持隔离状态。

车站是轨道交通主要的服务窗口，主要负责车站的行车组织、乘客服务，以及车站人员、设备与设施的管理及具体运作。车站具有供列车停车、折返、检修、临时待避及乘客集散、候车、上下车、换乘等功能。乘客搭乘轨道交通必须在车站完成进站、购票、上车、下车、出站等过程，如图1-18所示。

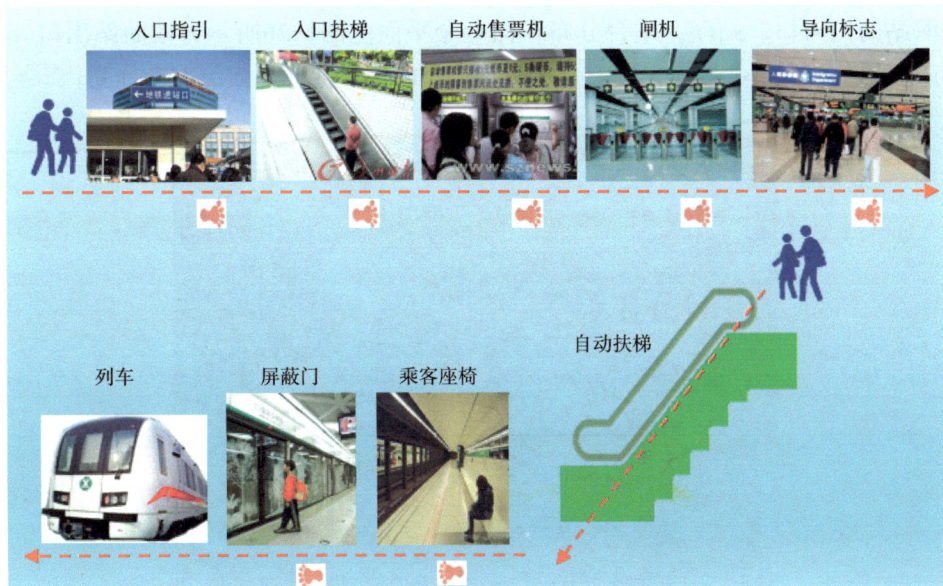

图1-18 乘客搭乘轨道交通过程示意图

（一）车站的分类

城市轨道交通车站根据其设置形式、运输功能、站台形式等不同分为不同的种类，而不同种类的车站采取的客运组织方式也会因此而略有不同。

1．车站按其设置形式划分

车站按其设置形式可分为地下站、地面站和高架站。

（1）地下站

地下站一般为地面出入口、地下站厅和站台的两层或三层结构形式，出入口通道总数不少于两个。图1-19所示为地下站出口。

图1-19　地下站出口

（2）地面站

地面站的出入口、站厅、站台分布在同一个平面，图1-20所示为地面站出口。地面站优点是造价低，缺点是占地面积过大，对线路经过的区域造成地面的人为分割。

图1-20　地面站出口

（3）高架站

高架站一般为地面出入口、地面或高架站厅、高架站台的两层或三层结构。与地下车站相比，其缺点是占用地面空间较大，对城市景观影响大。图1-21所示为高架站。

图1-21 高架站全景

2. 按车站的运输功能划分

按车站的运输功能可分为终点站（始发站）、中间站和换乘站。

（1）终点站（始发站）

终点站（始发站）是设置在线路两端终点的车站。除具有供乘客乘降的基本功能之外，还可供列车折返、停留和临时检修之用。

（2）中间站

中间站是线路上数量最多的基本站型，其主要作用就是供乘客乘降。在线路设计时，有些中间站还设置折返线、渡线或存车线等，以便在信号系统、供电系统或列车车辆等出现故障时，快速有效地进行列车调整，如进行小交路运行、列车就地退出服务等，以尽快恢复运营正线正常的列车运行秩序。

（3）换乘站

换乘站是设置在两条及两条以上的轨道交通线路交叉点的车站。其最大的特点是乘客可从一条线路换乘到另一条线路，为乘客换乘提供方便。其设计原则是：尽量满足乘客无须出站或无须重新购票就能换乘到另一条线路的需要。

3. 按车站站台形式划分

根据车站站台的形式，可分为岛式站台车站、侧式站台车站和混合式站台车站。

（1）岛式站台车站

岛式站台的上、下行线分布在站台的两侧，如图1-22所示。

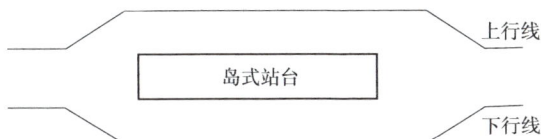

图1-22 岛式站台车站示意图

岛式站台的优点是站台面积可以得到充分利用，便于客流组织，车站结构紧凑，设备使用率高，乘客换乘方便；缺点是对线路设计影响大，设计难度大、造价高。根据站台和线路数量的不同又可分为一岛式、两岛式等。

（2）侧式站台车站

侧式站台是指站台分布在上、下行线一侧，如图1-23所示。其优点是站台的横向扩展余地大，双向乘客上下车无干扰，不易乘错方向，且对线路设计影响不大，工程造价相对于岛式站台低。缺点是站厅客流组织难度大，乘客容易下错乘车站台。

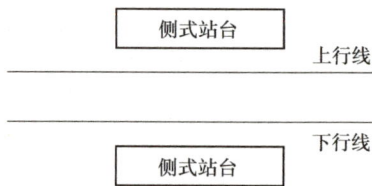

图1-23　侧式站台车站示意图

（3）混合式站台车站

混合式站台车站是指既有岛式站台又有侧式站台的车站，如图1-24所示，如一岛两侧式、两岛一侧式等。一般多为终点站（始发站），设有道岔和信号联锁等设备。乘客可以在不同的站台上下车，方便车站的客流组织。

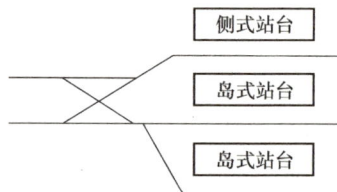

图1-24　混合式站台车站示意图

4. 车站换乘方式

换乘车站空间组织方式取决于轨道交通交汇线路的走向和相互交织形式。常见的交织形式有垂直交叉、斜交、平行交织等，但归纳到换乘空间的组织方式，一般分为同站台换乘、阶梯换乘、站厅换乘、通道换乘和站外换乘5种基本形式。

（1）同站台换乘

同站台换乘一般适用于两条线路平行交织，而且采用岛式站台的车站形式。乘客换乘时，由岛式站台的一侧下车，在站台另一侧上车，即完成了转线换乘，换乘极为方便。同站台换乘的基本布局是双岛站台的结构形式，可以在同一平面上布置，也可以双层布置。

（2）阶梯换乘

在两条线路的交叉处，将两线重叠部分的结构做成整体的结点，并采用阶梯将上下两座车站站台直接连通，乘客通过自动扶梯或垂直电梯、步行楼梯进行换乘。阶梯换乘方式根据不同线路车站交叉方式，分为"十"字形、"T"形、"L"形等几种布置形式。

（3）站厅换乘

设置两线或多线的共用站厅，相互连通形成统一的换乘大厅。乘客下车后，无论是出站还是换乘，都必须经过站厅，再根据导向标志出站或进入另一个站台继续乘车；由于下车客流到站厅分流，减少了站台上的人流交织，乘客在站台上的滞留时间减少，可避免因行车延误造成站台拥挤，同时又可减少自动扶梯、垂直电梯、步行楼梯等升降设备设施的总数量，增加站台有效使用面积，有利于控制站台宽度规模。

（4）通道换乘

在两线交叉处，车站结构完全脱开，通过通道将两车站连接起来，供乘客换乘。连接通道一般设于两站站厅或站台之间。

（5）站外换乘

乘客在换乘枢纽付费区以外进行换乘，是没有专用换乘设施的换乘方式。这种空间组织方式使得乘客增加一次进站、出站手续，在站外与其他人流交织，换乘步行距离也长。对交通换乘枢纽自身而言，这种换乘模式是一种系统性缺陷的反映。因此，在线网规划和枢纽空间衔接设计中应尽量避免站外换乘方式。

在换乘枢纽空间组织的实际应用中，往往采用几种空间方式组合，以达到改善换乘条件、方便乘客使用、降低工程造价的目的。例如，同站台换乘方式辅以站厅或通道换乘方式，使所有的换乘方向都能换乘；阶梯换乘方式在岛式站台中，必须辅以站厅或通道换乘方式，才能满足乘客换乘的要求；站厅换乘方式辅以通道换乘方式，可以减少预留工程量等。

（二）车站构成

轨道交通车站根据其功能需求一般由以下部分组成：风亭、冷却塔、出入口、通道、站厅、站台以及运营管理用房、设备用房等。

1. 风亭、冷却塔

风亭是为车站及隧道提供通风、换气的设施，在车站或隧道发生火灾时还能排烟。其结构一般为出地面的带盖风井构造，根据周边环境的条件许可采用独立式或合建式。

冷却塔的主要功能是为车站的环境控制系统散热，它也是出地面的结构。

2. 出入口、通道

车站出入口和通道是客流集散的必经地，乘客必须经过出入口和通道才能进出车站，实现其乘坐列车的目的。车站管理也通过出入口和通道的设置来实现与外界的物理分隔。

（1）出入口

车站出入口的设计以最大限度地吸引客流和方便客流集散为目的，要与其他交通方式、停车场形成较佳的换乘布局，可设在地面交通主干道两侧的人行道上，兼顾过街通道，也可考虑与地面建筑物结合，设在地面建筑物内（如商场、办公楼、大型活动场所等）。

由于出入口起着车站与外界物理分隔的作用，因此必须设置卷帘门或安全门，以便实现车站封闭管理的需求：在运营时间开启，便于乘客进出；在非运营时间关闭，防止无关人员闯入，对车站安全构成威胁。出入口如图1-25所示。

（2）通道

车站的出入口、站厅、站台之间以通道连通，通道可以由步行道、楼梯、自动扶梯等构成，如图1-26所示。

图1-25　出入口

图1-26　通道

车站出入口与站厅相连的通道，应采取能满足消防疏散要求的措施。各部位的通过能力，应满足远期客流所需。

地下出入口通道力求短、直，通道的弯折不宜超过三处，弯折角度宜大于90°。通道内应设置必要的照明和通风设施，宜安装一定数量的摄像头，便于工作人员掌握客流通行情况，设一定数量和类别的导向标志引导乘客的出行。

（3）与周边物业的连通道

与周边物业连通的车站通道按其不同的连通方式有以下几种类型：

■ 结合连通型。车站出入口与物业的建筑物地下空间完全结合，该出入口的乘客必须经连通部分才能进出轨道交通车站，如图1-27所示。

图1-27　结合连通型

■ 通道连通型。车站出入口通道增设一个连通接口，使建筑物地下空间与轨道交通车站连通，车站原设计出入口仍保留，该出入口通道的乘客可选择是否经过连通部分进出车站，如图1-28所示。

图1-28　通道连通型

■ 无缝连通型。车站站厅层与申请连通的建筑物地下空间采用面的结合方式连通，形成整体空间，如图1-29所示。

与车站连通的周边物业，在与车站共享客流资源的同时，必须为客流提供搭乘轨道交通的引导服务，在连通空间和物业出入口处，设置乘坐轨道交通的标志。

（4）车站出入口编号

每个车站至少有两个以上的出入口，多则可达十几个。通过地下空间里四通八达的出入口，轨道交通做到了与其他建筑、公共场所、交通工具等的无缝接驳，乘客们可以无惧天气影响。地下空间接纳了大量的步行人流，地面交通情况也因此得以改善。

连通建筑物地下空间

地铁站厅

图1-29　无缝连通型

为了便于乘客区分和识别同一个车站的不同出入口，必须给每个出入口不同的编号。不同的国家或城市编号习惯不尽相同，考虑到出入口编号的简洁性及乘客的习惯，多数以英文字母和数字结合规定出入口编号。

- 编号原则：当同一方向上只有一个出入口时，采用单个的字母进行编号，如A出入口；当同一方向上存在两个或两个以上的出入口时，采用字母与数字组合编号，如C1出入口、C2出入口。
- 字母编号原则：车站出入口中的字母编号以车站为中心，连接站厅层通道相对于车站中心所在的方向为准，按逆时针方向旋转。
- 数字编号原则：同一方向上存在两个或两个以上出入口时，首先按字母编号原则确定出入口的字母编号，再按照出入口离站厅的距离，由近及远的原则进行数字的编号，最近的编为1号，次近的为2号，等等，以此完成组合编号。

如对于A方向上的所有出口，A1出口离站厅最近，A2出口次近，以此类推；当多个出入口与站厅的距离相等时，则按顺时针方向编号，如A1与A2距站厅远近相同，在出站方向上，A2在A1的右侧。

3. 站厅

站厅是乘客换乘列车的中转层，其主要作用是集散客流，为乘客提供售票、检票、补票、咨询等服务，如图1-30所示。

图1-30　站厅

站厅按其用途分为公共区和设备区，一般中间为公共区，两端为设备区。

（1）公共区

公共区又分付费区和非付费区，以检票闸机和栏杆进行分割。此区域主要供乘客完成购票、检票过程，从非付费区购票通过检票闸机进入付费区，到达站台乘车；或者从付费区通过检票闸机到达非付费区出站。在此区域内设置各种标志，引导乘客方便快捷地进出车站。

客服中心设在站厅的付费区和非付费区之间（如图1-31所示），可同时服务于两个区域的乘客，完成售票、咨询、补票等业务。

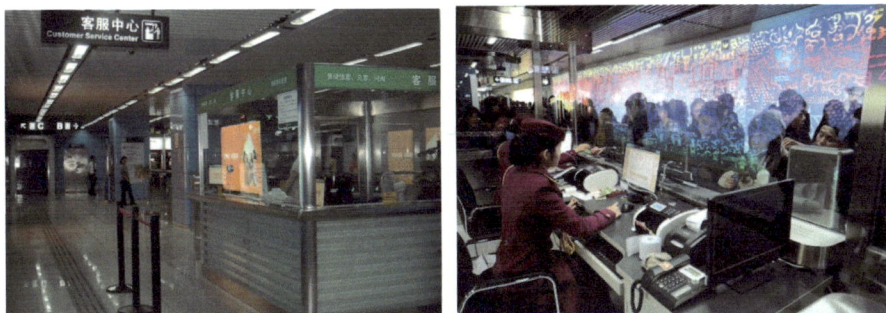

图1-31 客服中心

站厅层作为乘客密集的场所，也带来了无限商机。在非付费区内可以根据场地大小布置部分便民的商业设施，如公用电话、自助银行、自动售卖机、小商铺等，布置原则以不影响乘客出行为首要条件。

（2）设备区

设备区主要设有设备用房和管理用房。设备用房是安置各类设备、进行日常维修及保养设备的场所。管理用房是车站工作人员的办公用房，包括车站综合控制室、设备系统值班室、票务室、会议室、更衣室、休息室、卫生间、备品库、垃圾间、清扫工具间等。

设备区与公共区严格分割，乘客严禁进入设备区。

4. 站台

站台是最直接体现车站主要功能的场所（如图1-32所示），其主要作用是供列车停靠、乘客候车及乘客上下车等。

图1-32 车站站台

站台也分公共区和设备区，一般两端为设备区，中间为公共区。站台公共区一般布置有站台监控亭、列车到发信息屏、紧急停车按钮、乘客候车座椅等设备、设施。

站台长度由列车长度决定，以线路远期最大编组列车的长度加列车停车误差来计算。站台上的人行楼梯和自动扶梯沿纵向均匀设置，同时还应满足站台计算长度内任一点距最近梯口或通道口的距离不得大于50米，其通过能力满足事故疏散时间不大于6分钟的验算。

由于站台空间有限，原则上不鼓励乘客滞留。因此站台上不设置任何提供服务的商业设施。图1-33所示为设置在站台区域的落地式广告电子屏，设置位置不可取，存在安全隐患。当遇到大客流时，需通过客运组织手段，限制站台客流，使客流数量保持在受控范围，如加开列车，加大行车密度，关闭部分自动售票机，减缓售票速度，限制出入口进站客流等。

图1-33　设置在站台区域的落地式广告电子屏

（三）车站主要设备设施

这里主要讲解乘客使用较多的需要给出指引和标识的设备设施。

1. 垂直电梯

在多层结构的轨道交通车站里，由于乘客需要垂直距离的移动，一些特殊乘客就需要使用垂直电梯，如伤残人士、老年人、孕妇、带小孩的乘客和携带大件行李的乘客。在车站出现意外事故导致人员受伤时，垂直电梯也要便于伤员担架的进出，轿厢空间要足够大。

车站垂直电梯按乘客进出动线设置在出入口、站厅层和站台层，原则上每个车站至少有一个出入口必须设置一台垂直电梯，便于特殊乘客进出。图1-34为设在站厅和站外的垂直电梯。

图1-34　车站垂直电梯

车站的垂直电梯轿厢内设置有连通车站综合控制室的通话装置或报警按钮，便于在紧急情况下与车站保持联络。

2. 自动扶梯

车站出入口若不受提升高度的限制，均应设置上、下行自动扶梯。站厅层与站台层之间，一般宜设上、下行自动扶梯，如图1-35所示。

图1-35　车站自动扶梯

当车站发生火灾时，自动扶梯须停止运行，作为固定楼梯来疏散乘客。

车站人员应引导乘客正确使用自动扶梯，对乘客不正确使用自动扶梯的行为应及时制止，以免发生危险。若自动扶梯运行时突然加减速、有异常声音或震动时，应阻止乘客继续搭乘，待无人后停止运行，并通知专业人员检修。

自动扶梯一般在扶梯的右下侧设有"紧急停止按钮"（高差较大的自动扶梯在扶梯的中部也设有"紧急停止按钮"）（如图1-36所示），一旦在自动扶梯运行中发生乘客失足摔倒或其他紧急情况，应立即按下"紧急停止按钮"，使自动扶梯停止运行，并采取相应的救护措施。

图1-36　自动扶梯紧急停止按钮

　　由于车站不间断的客流，自动扶梯的使用频率很高，发生故障的概率也加大，一旦出现故障，极易引发群死群伤的后果。2011年7月5日，北京地铁动物园站扶梯突然反转，造成1死30伤，如图1-37所示。因此车站工作人员必须加强巡视，维修人员加强维护保养，确保自动扶梯始终处于良好的运作状态，且被乘客正确使用。

图1-37　事故现场

3. 乘客资讯系统设备

　　乘客资讯系统通过设在车站的各类显示终端设备，为乘客提供列车运行信息；在紧急情况下发布紧急信息，以帮助疏导乘客；通过查询机的触摸屏，乘客可以自行查询换乘信息、车站周边情况、广告、新闻、政府公告等资讯。同时也可利用分布在车站的各类显示终端设备，发布广告，如图1-38所示。

图1-38　乘客资讯系统设备

4．自动售检票设备

轨道交通自动售检票系统主要的售检票终端设备包括自动售票机、自动增值机、自动验票机、票务处理机、闸机等。

（1）自动售票机

自动售票机安装在车站的非付费区内，用于乘客自助购买单程票，接收限定面额的纸币和硬币，并能自动出票和找零，如图1-39所示。

图1-39　自动售票机

（2）自动增值机

自动增值机安装在车站的非付费区，可接收纸币或银行卡为乘客提供储值票增值服务，如图1-40所示。

图1-40　自动增值机

（3）票务处理机

票务处理机是自动售检票系统中业务功能较为齐全的终端设备，一般放置在车站的客服中心内，可以对付费区和非付费区的乘客提供服务。它能实现多种业务，包括售票、充值、退票、挂失、车票异常处理、信用设置、卡内信息资料更改以及密码设置等功能，如图1-41所示。

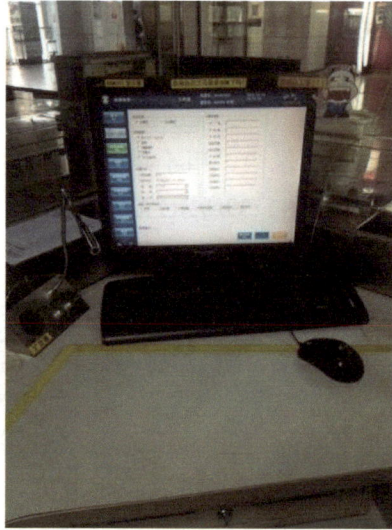

图1-41　票务处理机

（4）自动验票机

自动验票机是车站自动售检票系统中的自助查询设备，安装在非付费区内，为乘客提供车票自动查验服务，可查询车票的有效性、车票类型、剩余金额或剩余次数、车票使用有效期及历史交易信息，如图1-42所示。

图1-42　自动验票机

（5）闸机

闸机是自动售检票系统中的检票设备，安装在车站付费区和非付费区的分界处，用于乘客自助检票通行，能自动计算乘车费用并扣费，如图1-43所示。在国内，闸机的设计符合乘客右手持票的习惯。按安装位置和功能不同可分为入站闸机、出站闸机、双向闸机和特殊通道闸机。

图1-43 闸机

入站闸机主要用于在乘客的车票上记录入站地点；出站闸机用于在乘客的车票上正确扣取车费，同时对单程票进行回收；双向闸机同时具备入站闸机和出站闸机的功能，也可以通过软件设置将其设为某一种单向闸机使用；特殊通道闸机则是一种供特殊人群使用的双向闸机，比一般的闸机通道要宽，主要是供残疾人士及携带大件行李物品的乘客使用。

5. 消防设施

车站除了消防系统中的自动气体灭火系统外，在车站站厅、站台、设备区、隧道区间按规定布设了一定数量的消防栓和灭火器，还有应急情况下使用的其他消防设施。

（1）消火栓

车站消火栓如图1-44所示，主要为车站发生微小火灾时使用。

（2）灭火器

车站使用的灭火器主要是干粉灭火器和二氧化碳灭火器，车站干粉灭火器以4千克装的为主，灭火有效距离为3～4米。二氧化碳灭火器以3千克装为主，适用于扑救600伏以下的带电电器、贵重设备、图书资料、仪器仪表等的初起火灾，如图1-45所示。

图1-44 消火栓

图1-45 灭火器

6. 盲道

车站范围内（出入口和通道、站厅、站台）按国际标准设有盲道，用来引导视障人士使用站内设施及搭乘轨道交通，如图1-46所示。

7. 临时票亭

在大客流时段或部分自动售票机故障停止使用时，自动售票机前排队客流过长，为了提高售票速度、让乘客尽快进站上车，需要设临时票亭。临时票亭主要用于出售预制单程票，如图1-47所示。

图1-46　站台盲道

图1-47　临时票亭

从车站管理的角度来看临时票亭的设置也有其弊端：一是只在大客流时启用，其余时间都占据车站一角需看护。二是用临时票亭出售单程票时票、款安全性受影响，售票员长短款的概率加大。三是必须配合以相当数量的临时标志来引导乘客购票，为减轻车站仓储压力，这些临时标志大多属于一次性使用，故存在一定的资源浪费。

少用或不用临时票亭，应是车站管理的终极目标。解决办法，一是增加自动售票机数量，加强对设备的维护保养工作，设备完好率达到98%以上；二是鼓励乘客使用储值票，通过减少单程票的使用量来减轻售票压力。

最后还要解决一个对于车站客运服务认识的误区：不是说任何时候都需要快速大量地出售车票，如果进闸客流已超过车站站台极限客流，那么需要采取的措施可能就是停止售票，而不是加快售票速度。甚至是限制进站客流，让车站范围内的客流数量保持在可控范围。

8. 公共卫生间

供乘客使用的公共卫生间及残障人士的专用卫生间，一般设置在公共区非付费区，如图1-48所示。

图1-48　公共卫生间

对于是否在车站内设置公共卫生间，一直是颇有争议的话题。从运营单位角度来讲，不设最好，一是增加管理难度，二是增加运营费用；从乘客的角度来讲，自然是越多越好，甚至有乘客提出列车上也应该设卫生间。

在许多城市轨道交通开通运营的初期，关于卫生间的投诉都占到服务质量方面投诉的一定比例。客观来讲，如果车站周边不连通公共物业，车站设置一个公共卫生间是必要的。如果周边有连通物业，也有公共卫生间，那么车站可以不设置卫生间。其最重要的原因还是取决于建设和管理费用问题，轨道交通作为公共交通，票价带有公益性，大多城市的轨道交通运营都是亏损居多，其亏损部分都需要城市公共财政来补贴。也就是说，车站公共卫生间是否有必要设置，是城市公共服务的问题，而不只是轨道交通运营单位的问题。

9．公共电话

公共电话装设在站厅非付费区，如图1-49所示，方便有需要的人士使用，以少量和必需为原则来布置。随着手机的普及，公共电话的使用率也呈下降趋势，有需要的人数越来越少。

图1-49　公共电话

10．银行柜员机

银行柜员机设置在车站站厅非付费区，可以为乘客提供取款、存款、转账等业务，如图1-50所示。

11．乘客对讲机

乘客对讲机安装于车站控制室的玻璃窗前，当乘客需要帮助时，可以及时与车站工作人员取得联系，如图1-51所示。

图1-50　车站内银行柜员机

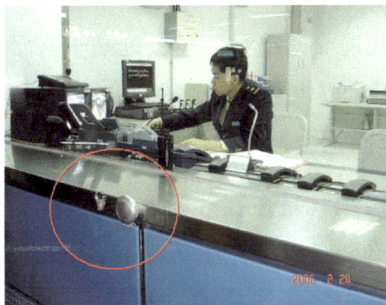

图1-51　乘客对讲机

12. 乘客座椅

乘客座椅设置在站台候车区域，一般靠柱子或墙壁处设置，避免影响站台上乘客的通行和疏散，如图1-52所示。原则上，只在站台两端少量设置，供有特殊需要的乘客临时使用，避免乘客滞留站台，增加站台拥堵风险。

图1-52　站台乘客座椅

13. 垃圾箱

车站内大量客流集散，每天产生的垃圾量也不少，而车站安全和卫生的要求比一般场所高得多。因此，垃圾箱的设置位置、设置数量、设置形式都必须细致考虑。如：根据反恐要求垃圾箱不能是封闭式的，要敞式的，内容可视，如图1-53所示。

图1-53　车站垃圾箱

三、城市轨道交通车站客运服务

市民乘坐轨道交通出行，经过进站—购票—进闸—候车—乘车—下车—出闸—出站八个步骤。车站是一个提供运输服务的公共场所，需要有服务场地、服务设施、服务人员等。

（一）车站客运组织

车站客运组织就是在服务场地按乘客进站动线和出站动线安排服务设施、服务人员，提供进站和出站服务。原则上进站和出站两条动线尽量不交叉或少交叉，车站提供的服务设施数量要满足乘客快速流动的需求，服务人员则及时帮助有需要的乘客，解决使乘客停留集聚的问题，疏导乘客快速进站、出站，维持站内秩序。

车站客流进站、出站动线如图1-54所示。

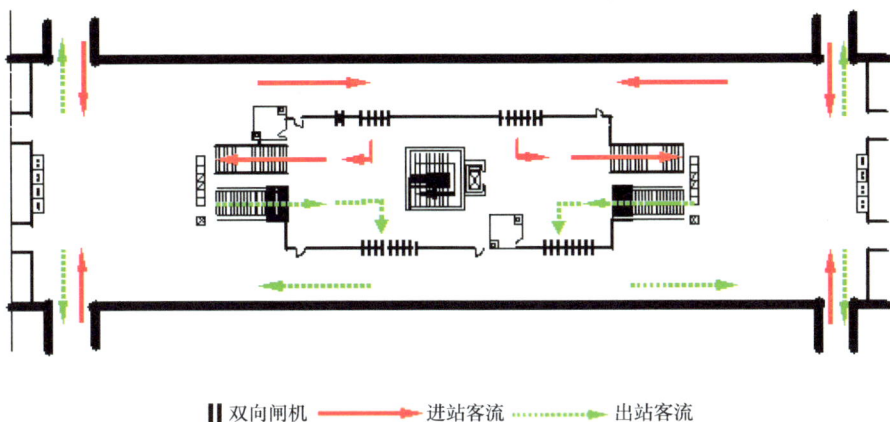

双向闸机 ——→ 进站客流 ┈┈┈▶ 出站客流

图1-54 车站客流进站、出站动线

（二）车站岗位设置

总结国内城市轨道交通车站的岗位设置经验，车站岗位基本可以分为以下几种：站长、值班站长、值班员、站务员、保安、保洁等。

车站实施站长负责制，实行由上至下的管理制度和由下至上的汇报制度。根据其工作性质，车站工作24小时运转。站长为日勤岗，值班站长为倒班岗，负责相应班次的管理责任，指导和组织值班员、站务员、保安、保洁开展工作。根据不同业务的工作量和岗位职守点，值班员还可以分为两种：行车值班员和客运值班员。行车值班员职守在车站综合控制室，负责车站行车工作，监视列车到、发情况及乘客上下车、候车动态，监控设备运作状况；客运值班员职守在车站票务室，负责票款、车票等的运作及报表填写等。行车值班员和客运值班员均为倒班岗。

站务员按其工作场所和执行职责不同，可以分为售票员、站台巡视员和站厅巡视员，车站组织架构如图1-55所示。

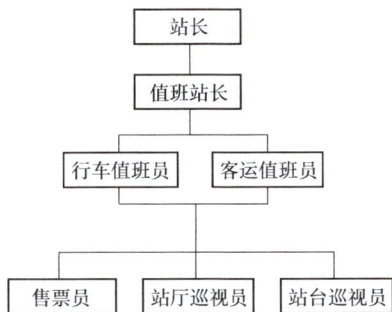

图1-55 车站组织架构

随着城市轨道交通的网络化运营，车站客流与日俱增，许多车站日客流量都在10万人次以上。以车站平均10人左右的工作团队来测算，基本要求乘客自助出行，因此客运服务标志设置的齐全、好坏成为评价车站服务质量的关键。

第二章
客运服务标志组成及分类

2

随着城市轨道交通的快速发展，国家和地方也加强了城市轨道交通相关规范的制定。2008年12月国家住房和城乡建设部颁布了国家标准《城市轨道交通客运服务标志》（GB/T 18574—2008），对城市轨道交通客运服务标志提出了具体和详细的标准要求，部分地方在国家标准的基础上细化和深化了各地城市轨道交通的标准，比如北京市、深圳市等。

城市轨道交通客运服务标志是指设置在轨道交通车站内外以及列车车厢内的，为乘客提供轨道交通运营服务信息的各种标志设施。客运服务标志通过提供相关的视觉、触觉信息，给各种乘客必要的引导、提示和警示，利于客运组织，确保出行方便安全。

第一节　客运服务标志组成

一、客运服务标志要素

国家标准《城市轨道交通客运服务标志》（GB/T 18574—2008）规定客运服务标志由图形符号、文字和数字组成，图形符号采用国家标准，文字使用中英文双语，少数民族地区可以增加民族语言，数字使用阿拉伯数字。

图2-1所示的客运服务标志指示的是轨道交通2号线的乘车方向。

图2-1　客运服务标志

二、客运服务标志图形符号

现适用于标志的国家标准有如下几个：

《城市轨道交通客运服务标志》（GB/T 18574—2008）、《公共信息图形符号　第1部分：通用符号》（GB/T 10001.1—2012）、《图形符号表示规则　总则》（GB/T 16900—2008）、《标志用图形符号表示规则　第1部分：公共信息图形符号的设计原则》（GB/T 16903.1—2008）等。

　　国家标准《公共信息图形符号　第1部分：通用符号》（GB/T 10001.1—2012），其中规定了通用的标志用公共信息图形符号，这些图形符号适用于公共场所、服务设施及运输工具等。本书主要介绍其中轨道交通客运服务需要用到的标志图形符号。

　　国家标准《公共信息图形符号　第一部分：通用符号》（GB/T 10001.1—2012），其中规定了通用的标志用公共信息图形符号，适用于公共场所、服务设施及运输工具等。本书主要介绍其中轨道交通客运服务需要用到的标志图形符号。

1. 标志图形符号

　　城市轨道交通中常用到的图形符号见表2-1，使用图形符号应注意图形符号内不得添加文字、数字。

表2-1　标志图形符号

序　号	图形符号	名　称	说　明
01		出租车	表示提供出租车服务的场所
02		公共汽车	表示提供公共汽车服务的场所
03		飞机	表示民用飞机场或提供民用航空服务
04		火车	表示铁路车站或提供铁路运输服务
05		地铁	表示地铁车站或提供地铁运输服务
06		方向	表示方向
07		入口	表示入口位置或指明进去的通道
08		出口	表示出口位置或指明出去的通道

（续）

序　号	图形符号	名　称	说　明
09		紧急出口	表示紧急情况下安全疏散的出口或通道
10		楼梯	表示上下共用的楼梯
11		上楼楼梯	表示仅允许上楼的楼梯
12		下楼楼梯	表示仅允许下楼的楼梯
13		自动扶梯	表示自动扶梯
14		电梯	表示公用垂直电梯
15		残疾人设施	表示供残疾人使用的设施，如轮椅、坡道等
16		卫生间	表示卫生间
17		废物箱	表示供人们扔弃废物的设施

（续）

序　号	图形符号	名　称	说　明
18		商场，商店	表示出售各种商品的场所，如商场、商店、购物中心等
19		安全保卫	表示安全保卫人员或指明安全保卫人员值勤的地点，如警务室等
20		票务服务	表示出售各种票据的场所，如影院、体育场馆、机场等的售票处
21		问讯	表示提供问讯服务的场所
22		失物招领	表示丢失物品的登记或认领场所
23		电话	表示提供电话服务的场所

2. 颜色

图形符号所使用的颜色应遵守国家标准《安全色》（GB 2893—2008）的规定。标志使用到的颜色包括黑色、白色、红色、蓝色、黄色、绿色，单独或组合使用，具有不同的含义。

（1）红色

红色表示禁止、停止、危险以及消防设备的意思。凡是禁止、停止、消防和有危险的器件或环境均应涂以红色的标记作为警示的信号，如图2-2所示。没有"禁止"含义不允许使用红色，图2-3所示是错误的使用案例。

图2-2　禁止驶入标志

图2-3 错误的使用案例

（2）蓝色

蓝色表示指令，是要求人们必须遵守的规定。使用中常见的就是道路指示牌，如图2-4所示。

直行　　　　　　　　　向左转弯　　　　　　　　　向右转弯

图2-4 道路指示牌

（3）黄色

黄色表示提醒人们注意。凡是警告人们注意的器件、设备及环境都应以黄色表示，如图2-5所示。没有"警告"含义不允许使用黄色。

（4）绿色

绿色表示给人们提供允许、安全的信息。一般出口标志都使用绿色，如图2-6所示。

注意安全　当心触电　当心夹手

图2-5 安全标示

图2-6 安全出口标志

（5）对比色

黑色用于安全标志的文字、图形符号和警告标志的几何边框。白色作为安全标志红、蓝、绿的背景色，也可用于安全标志的文字和图形符号。

- 红色与白色相间条纹，表示禁止人们进入危险的环境。
- 黄色与黑色相间条纹，表示提示人们特别注意的意思，如图2-7所示。
- 蓝色与白色相间条纹，表示必须遵守规定的信息。
- 绿色与白色相间的条纹，与提示标志牌同时使用，更为醒目地提示人们。

（6）其他图形符号的颜色选择顺序

- 黑色图形，白色衬底。
- 白色图形，绿、蓝、黑色衬底。
- 蓝、绿色图形，白色衬底。
- 在保证图形与衬底对比强烈的前提下，金属载体的标志牌可采用载体本色作为衬底色。

图2-7　黄色与黑色相间条纹使用的案例

三、客运服务标志文字和数字

（一）文字

标志中的文字除中文地名外，应同时使用中、英文两种文字，可根据需要增加其他语种。少数民族自治地区宜增设少数民族文字。

1. 中文

标志中的中文应以《简化字总表》《第一批异体字整理表》为准，词句、简称等应规范。标志中的文字字体应统一，不得使用手写体或高度修饰性的字体。字号应以正常视力和低视力之间的视力水平作为依据。

标志中的中文地名应同时使用中文和汉语拼音，汉语拼音不标声调，如图2-8所示，"后海"拼音标注为"Houhai"。标志中的地名（含站名）应符合市政府管理部门的相关规定。

图2-8　中文地名标志

有些轨道交通车站为了美观，也聘请知名书法家用毛笔题写车站站名，以喷涂等形式出现在站台墙壁或柱子上，如图2-9所示，此类情况不受上面规定限制。

图2-9　艺术字体站名

2. 英文

标志中的文字原则上应同时使用中、英两种文字，英文应与中文一一对应，同一内容的文字，英文字体不能大于中文字体，如图2-10所示。

图2-10 标志中同时使用中、英文两种文字

根据城市轨道交通的特性，各大城市陆续规范了常用英语，如表2-2就是某城市规范的部分常用中英文对照表。

表2-2 城市轨道交通常用中英文对照表

序　号	中 文 名 称	对 照 英 文
1	城市轨道交通1号线	Metro Line 1
2	车站	Station
3	站台	Platform
4	售票	Tickets
5	客服中心	Customer Service Centre
6	乘车	To Train
7	入口	Entrance
8	出口	Exit
9	楼梯	Staircase
10	自动扶梯	Escalator
11	水平步道	Travelator
12	电梯	Lift
13	卫生间	Toilet
14	公用电话	Pay Phone
15	求救按钮	Help Button
16	垃圾筒	Litter Bin
17	警卫室	Police office
18	公告	Public Notice
19	运营服务时间	Operating Hours

（续）

序 号	中文名称	对照英文
20	运营结束时间	Operation Closing-Time
21	综合信息	Information
22	自动售票机	Automatic Ticket Machine
23	自动增值机	Automatic Add Value Machine
24	自动查询机	Automatic Inquiry Machine
25	公共汽车	Bus
26	出租汽车	Taxi
27	长途汽车	Inter-city Bus
28	火车站	Railway Station
29	飞机场	Airport
30	港口	Port
31	口岸	Customs
32	停车场	Car Park
33	商场	Shopping Mall
34	禁止停留	No Waiting
35	禁止入内	No Entry
36	禁止吸烟	No Smoking
37	禁止抛物	No Littering
38	禁止跳下	No Jumping
39	禁止触摸	No Touching
40	禁止跨越	No Climbing
41	禁止靠近	Keep Away
42	禁止手扶门	Keep Hands off the Door
43	禁止倚靠	No Leaning
44	勿运货物	No Cargo
45	请勿饮食	No Eating or Drinking
46	紧握扶手	Hold the Handrail
47	黄线内候车	Stand Clear of Yellow Line While Waiting for Train
48	乘客止步	Passengers Prohibited
49	小心夹手	Mind Your Hand
50	小心空隙	Mind the Gap
51	小心碰头	Mind Your Head
52	照顾儿童	Take Care of Children
53	小心地滑	Slippery Floor

（二）数字

标志中的数字应使用阿拉伯数字。

标志中的数字字体应统一，不得使用手写体或高度修饰性的字体。字号应以正常视力和低视力之间的视力水平作为依据。

第二节 客运服务标志分类

客运服务标志根据其显示内容的不同分为定位标志、导向标志、综合信息标志、禁止标志、警告标志、消防安全标志、其他标志等，形成完整的客运服务标志系统。

一、定位标志

定位标志是由提示标志或提示标志与文字辅助标志、补充标志组合所构成的标志，用以标明某场所或设施。

在轨道交通车站内需要定位的场所或设施主要包括车站出入口、售票处、检票处、客服中心、垂直电梯、自动扶梯、站台、警务室、公共卫生间等。图2-11所示是车站出入口定位标志和售票处定位标志。

图2-11 出入口、售票处定位标志

二、导向标志

导向标志是用以向乘客提供某设施或场所方向指示的标志，由导向标志或导向标志与文字辅助标志、补充标志组合所构成，引导乘客选择方向。

在轨道交通车站外和车站内，需要予以引导的场所或设施包括车站出入口、售票处、检票处、客服中心、垂直电梯、自动扶梯、站台、警务室、公共卫生间等。如图2-12所示，是轨道交通站外导向标志。图2-13所示是轨道交通换乘站内往4号线乘车的导向标志。

图2-12 站外导向标志

图2-13 换乘站内往4号线的导向标志

三、综合信息标志

综合信息标志是由图、表、文字所构成的标志，用以表达乘客需要了解的与轨道交通系统相关信息。

在轨道交通车站范围内，乘客需要了解的信息主要有几类：

（1）轨道交通列车运行线路及网络换乘信息；

（2）轨道交通票价信息；

（3）轨道交通车站及出入口信息；

（4）轨道交通车站及列车运营时间信息；

（5）轨道交通运营管理办法等。

图2-14为包含了运营线路图、车站站位图、首末班车时间以及本站换乘公交线路的综合信息图。

图2-14　综合信息标志

四、禁止标志

禁止标志是通过颜色与几何形状的组合表达通用的安全信息，并且通过附加图形符号表达特定安全信息的标志。禁示标志表示不准许乘客发生相应行为，否则会引发安全事故，如图2-15所示。

图2-15　禁止标志

五、警告标志

警告标志是通过颜色与几何形状的组合表达通用的安全信息，并且通过附加图形符号表达特定安全信息的标志。警告标志提示乘客注意，避免可能发生的危险。如图2-16所示。

图2-16　警告标志

六、消防安全标志

消防安全标志是与消防安全有关并符合消防规定的标志类别，如图2-17所示。

图2-17　消防安全标志

七、其他标志

轨道交通服务场所内，除了以上六类标志，还有一些需要根据实际运作设置的补充标志、临时标志、特别标志等，统一归类为其他标志。图2-18为灭火器的使用演示图，设置在灭火器附近。图2-19为换乘站乘客行进路线上的补充标志。

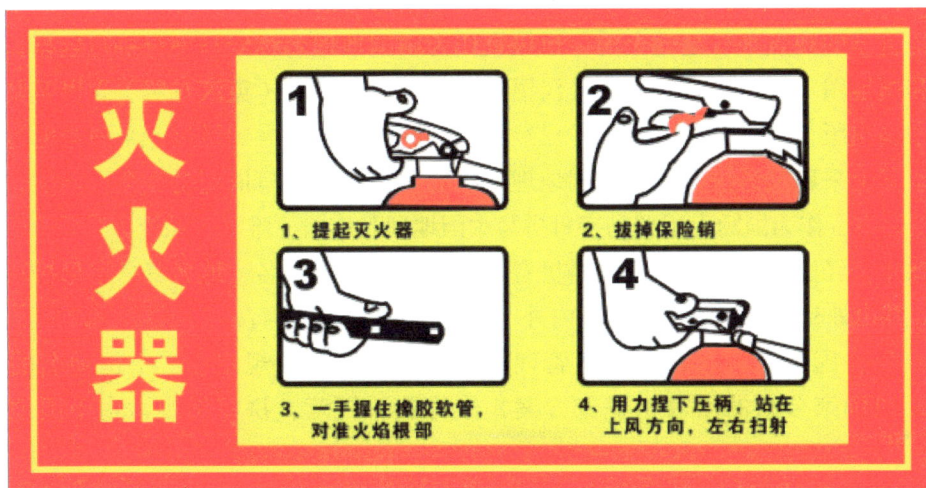

图2-18　其他标志

图2-19 换乘站内补充标志

第三节 客运服务标志中的其他问题

一、轨道交通中地名使用汉语拼音拼写的问题

1. 法律依据

我国的地名以汉语拼音拼写，是1977年经联合国第三届地名标准化会议通过，作为国际标准的，至今已有相关的国家标准、规定以及与其相一致的国际标准。

根据联合国地名标准化会议做出的决议，要求各国、各地区在国际交往中都使用罗马（拉丁）字母拼写，做到每个地名只有一种罗马字母的拼写形式——即单一罗马化。在联合国第三届地名标准化会议上通过了关于推荐用《汉语拼音方案》拼写中国地名作为中国地理名称罗马字母拼法的国际标准的决议。大会"认识到《汉语拼音方案》是中国法定的罗马字母拼音方案，中国已制定了'中国地名汉语拼音拼写法'，并注意到《汉语拼音方案》从语言学的观点来看是健全的，也极宜作为中国地理名称罗马字母拼写依据。《中华人民共和国地图（汉语拼音版）》《汉语拼音中国地名手册（英汉对照）》以及其他资料已经在中国出版；《汉语拼音方案》已经有了广泛应用。考虑到经过一个适当的过渡时期后，在国际上采用汉语拼音作为中国地理名称的罗马字母拼写依据是完全可能的。因此推荐采用汉语拼音作为国际上用罗马字母拼写中国地理名称的（唯一）系统。"

1978年，经国务院批准，《汉语拼音方案》作为我国人名、地名罗马字母拼写法的统一规范，并由外交部、新华社通告国内外于1979年1月1日起实行。

1986年，国务院颁布的《地名管理条例》中，第八条规定："中国地名的罗马字母拼写，以国家公布的《汉语拼音方案》作为统一规范。拼写细则，由中国地名委员会制定。"

1987年，国家语言文字工作委员会（简称"国家语委"）、中国地名委员会等六部委颁发了《关于地名用字的若干规定》，中国地名委员会、城乡环境保护部、国家语委颁布了《关于地名标志不得采用“威妥玛式”等旧拼法和外文的通知》。

1999年，国家质量技术监督局发布了《地名标牌 城乡》的国家标准（现已被新的国家标准《地名 标志》代替），强制规定地名标志上的地名必须使用汉语拼音字母拼写。

2000年10月31日，九届全国人大常委会第十八次会议通过了《中华人民共和国国家通用语言文字法》，其中第十八条规定：“国家通用语言文字以《汉语拼音方案》作为拼写和注音工具。《汉语拼音方案》是中国人名、地名和中文文献罗马字母拼写法的统一规范……”这就用法律的形式确定了我国地名的罗马字母拼写标准。

2. 实际运作中的不同观点

关于地名使用汉语拼音，在实际运作中就有不同的观点，比如某些车站名称：“公益西桥”，标注“GONGYIXIQIAO”，不会有什么问题，如图2-20所示。

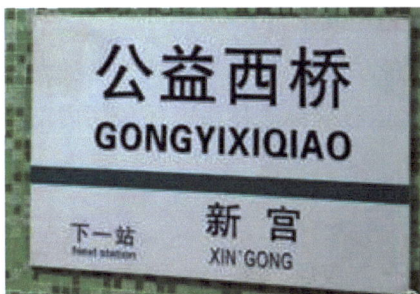

图2-20 使用汉语拼音的公益西桥车站标志

但对于诸如“购物公园”“博物馆”“火车站”等，标注汉语拼音，如图2-21所示，许多市民都提出意见，认为不妥，有些地方直接引用其英文，如图2-22所示。

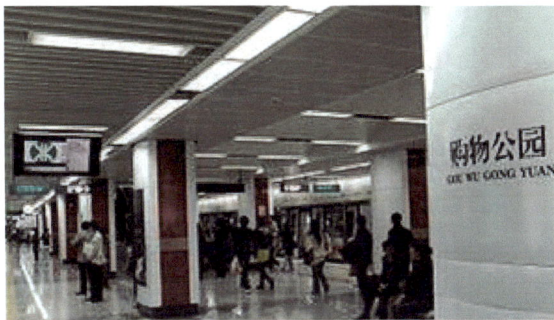

图2-21 使用汉语拼音的购物公园车站标志

首都博物馆
CAPITAL MUSEUM.CHINA

图2-22 采用英文翻译的首都博物馆标志

这里主要的分歧点还是对于英文是否代表国际通用语言的问题。

如果提升到国家民族语言平等原则的体现，那么必须使用汉语拼音。如果明文规定使用中、英文对应标注，自然采用英文是合适的。

所以解决办法除了明文规定，还要指定权威的解释和执行部门，归口管理，做到统一和标准。

二、轨道交通车站的命名

1．审慎命名

在轨道交通规划阶段，如何命名车站是关系到轨道交通能否顺利方便地提供出行服务的关键。在充分调研的基础上提出建议命名，然后公示，听取广大市民的意见，对大部分市民不认同的名字应予以更改。

另外，对于站名应具有前瞻性和长期性，审慎使用企业名或建筑物名来命名，以防在企业和建筑更名或不存在后被迫更改站名。

在轨道交通网络中更改站名是一件极为烦琐和无谓耗费财力的大事，涉及整个网络的所有车站，除了更换对外的客运服务标志体系，还包括内部运作的各类系统，以"牵一发而动全身"来形容丝毫不为过。

2．冠名争议

"各位乘客您好，周黑鸭·江汉路到了，请您拿好手中的鸭脖子，依次从左边车门下车……"这是网友调侃商业品牌"周黑鸭"冠名武汉地铁2号线江汉路站的解说词。图2-23所示的这张图片流传于网络，引发了无数中国网民的热议，地铁站点该不该被冠名，商业化是否太浓。

图2-23 "周黑鸭"冠名的武汉地铁江汉路站

武汉地铁称，各地的地铁建设都面临巨大的资金压力，武汉地铁自负盈亏，其拍卖冠名权也是城建推进公用设施市场化改革、筹措建设资金的通行办法。"冠名、广告、物业等收入将占到武汉地铁运营费用的40%。"

不仅是在武汉，如今在中国各大城市的地铁商业冠名，均存在很大的争议，北京、上海、天津等地的冠名逐步被取消。2007年，天津地铁首尝商业冠名，以"主名＋副名"的形式出现，如小白楼建设银行站，冠名费最低60万元，最高近200万元，副名冠名权使用年限为5年。2012年11月初，天津地铁借合同到期之际，取消了这几站的冠名，并表示余下几个站点，在合同到期后，也将一并取消商业冠名，最晚的2个站点，在2014年7月到期。此前北京、上海地铁也曾采用商业冠名，其后都已更改。

三、阿拉伯数字在轨道交通中的应用

阿拉伯数字为现今国际通用数字，具有全世界的通识性，因此阿拉伯数字在轨道交通中的应用也有其便利性。

1. 线路名

轨道交通线路根据其规划时间前后依次以阿拉伯数字命名，如1号线、2号线等，乘客可以比较方便地记忆。图2-24所示为韩国首尔地铁的3号线、7号线和9号线的导向标志。

图2-24　韩国首尔地铁线路的数字编号

2. 车站编号

有些城市以数字来给某一条线路的所有车站按顺序编号，乘客只要记住顺序号就可以了，不必去记住所有站名，这样的安排对于初来乍到的外地人是个便利，不必费力记住多个陌生的站名，而且对于坐几个站到站也屈指可数。

比如首尔地铁，每站都有一个三位数的编号，以地铁线路号为首位数，自东向西或从北到南按次序给每个站一个编号。例如，地铁1号线是从"逍遥山站"到"仁川站"的，就从东到西方向为每站编号，"市政府站"编号是132，"首尔站"编号是133等等，每个站头均以"1"为首位数。再如，5号线是从"傍花站"到"马川站"，自西向东方向编号，"金浦机场站"的编号是512，"永登浦区政府站"编号是523，等等，如图2-25所示。这样乘客可以从一晃而过的车厢窗户中，迅速根据编号来判断到了哪个站，毕竟阿拉伯数字比韩文、英文站名要容易辨认得多了。

图2-25　首尔地铁车站的数字编号

3．站台编号

一般的车站只有一个或两个站台，但有些换乘站站台就多达五六个，为了方便乘客顺利找到所需的乘车站台，以阿拉伯数字来对站台编号，乘客只要跟着几站台的导向标志就可以顺利地找到乘车站台，如图2-26所示。

图2-26　深圳地铁车站站台的数字编号

4．出入口编号

以阿拉伯数字来对出入口进行编号，只要做到统一和规范，也是一个可行的选择，如图2-27所示。

图2-27　阿拉伯数字编号的出入口

但要防止的是，如果线路号和站台号也同时用阿拉伯数字表示，那么有可能会出现混淆的情况，增加乘客识别难度。如图2-28所示，当这样几个标志同时出现在一个车站中时，乘客就会难以识别。

图2-28　线路号和出入口编号混淆的案例

第三章
客运服务标志设置

3

第一节　设置原则

客运服务标志设置的目的是为了方便乘客的出行，因此客运服务标志的设置应解决以下几个关键问题：在乘客需要的时候及时出现、让乘客快速和直观地获取需要的信息、避免一切可预想到的安全隐患。

客运服务标志的设置需符合统一性、优先性、连续性、实用性、安全性五个原则，通过提供相关的视觉、触觉信息，给各类乘客必要的引导、提示和警示，方便乘客，确保安全，利于客运组织。

一、统一性原则

标志的设置要确保乘客快速找到并识别其含义，忌让乘客驻足寻找标志或者站在标志前苦苦思索其含义。统一性原则就是解决这个问题，尤其是在轨道交通网络化运营的城市。比较理想的状态是全国统一，任何一个普通的乘客都可以根据标志的指引就自助完成乘坐轨道交通出行。

统一性原则具体到标志的设计和设置，必须在以下方面达成共识：

1. 标志中应优先设置图形 符号

标准化的图形符号辨识度高，适合于大部分群体快速找到所需目标。标志中优先设置图形标志，是轨道交通安全、高效运营的有力保证。轨道交通运营场所内使用的图形符号还要少而精，优先满足进站乘车和下车出站的需求，不然众多五花八门的图形符号同样让乘客在选择方向时无所适从。

如图3-1所示，是一个卫生间的导向标志，卫生间的图形符号使用的就是国际通用的标准图形符号。

图3-1　卫生间图形符号

2. 标志设置应遵循信息适量原则

不能指望一块标志板就解决所有的问题，一块写满信息的标志，极容易造成人群停下脚步长时间识别，造成人为拥堵，在人头攒动的狭小空间里这是极为危险的，是造成安全事故的严重隐患。

如图3-2所示，该标志本意是指示前往1号线和3号线的乘车方向，但因信息过量，增加了识别难度，易导致乘客产生歧义。

图3-2　信息过多的标志

3. 标志信息提示应按乘客的需求从一般信息到详细信息逐级设置

所谓一般信息是指具体的信息，而详细信息是指按照乘客最终需求提供的相关信息。"逐级设置"要求任何一个单一标志或组合标志中不能提供乘客所需的全部信息，而应该将不同的标志主次分明地配合使用，达到为乘客提供完整信息的目的。

如图3-3所示，在不妨碍乘客通行的情况下，配合出入口导向标志，给出各出口的详细信息，便于有需要的乘客选择出口。

图3-3　信息分级给出的标志

二、优先性原则

轨道交通运量大、行车间隔短，吸引了大量客流。庞大的人流量也让轨道交通车站寸土寸金，各式广告见缝插针，标志若淹没在广告中难以发现和识别，是极为危险的安全隐患，极易导致群体性事件的发生。

所以，标志的设置必须优先于商业广告。设置广告牌或商用显示屏时，应以不影响公共标志为标准，考虑与公共标志的相对位置，保持适当距离。

还有一种特殊情况需要避免，就是车站站厅或站台全部被用作某个主体的宣传，从天花到地板都被包装，如图3-4所示。不仅给乘客出行带来不便，而且会造成车站工作人员负面情绪被激化，导致争执或冲突频发。

图3-4 被用作主体宣传的车站

原则上禁止在静态服务标志上设置广告。动态信息显示屏在发生非正常情况时，应全屏幕播放服务提示、疏导指令等信息。

三、连续性原则

各导向标志之间的信息内容应具有连续性，导向标志应与定位标志形成"引导—确认"系统，如图3-5所示。

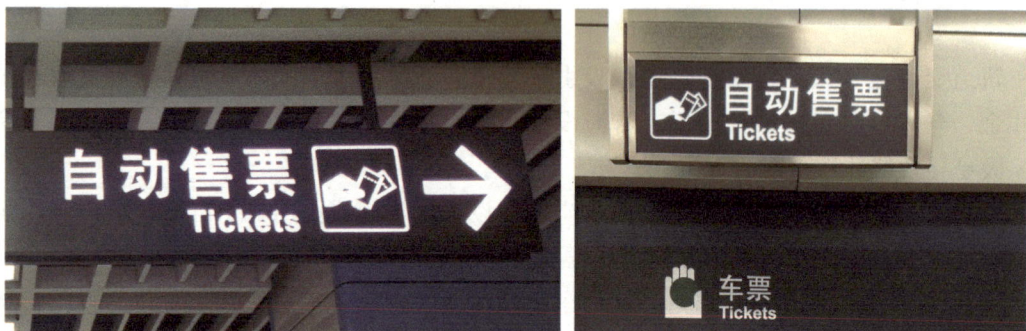

图3-5　导向标志和确认标志的配合

轨道交通所有标志构成一个完整的视觉引导系统，单个的标志都是轨道交通系统中导向系统的一个组成部分，不应一次提供给乘客全部的信息，应该将标志相互配合，共同形成有机整体，才能构成完整的视觉引导系统，清晰地引导乘客。

当通道的长度大于30米时，应增设相应的导向标志。当通道过长时，根据心理学原理，乘客需要确认自己的行进方向，因此，需增设相应的标志以满足乘客心理的需求；由于标志尺寸大小的限制，通常要求在30米范围内可以清晰地看到标志的内容；同时，保证乘客在标志尺寸大小不变的条件下，总是能清晰地看到标志。

四、实用性原则

（1）根据需要将不同标志进行组合。

标志组合时，应通过信息要素的排序或不同尺寸区分信息内容的主次。图3-6为某地铁枢纽换乘走廊的组合标志，其中根据主次内容，采用了不同大小的尺寸。图3-7为地铁站内的导向标志，指示前往3号线和4号线的乘车方向，信息内容同等重要，尺寸保持一致。

图3-6　不同标志的组合（尺寸不等）

图3-7　不同标志的组合（尺寸相同）

（2）重要位置的导向标志、定位标志、安全标志应独立设置。图3-8所示为客服中心导向标志，图3-9所示为独立的紧急出口标志。

图3-8　客服中心导向标志

图3-9　独立的紧急出口标志

（3）客运服务标志系统宜利用不同颜色区分乘车导向标志和出站导向标志。如图3-10

所示，在同一个车站中，黄色表示出站导向标志，白色表示乘车导向标志。

图3-10　颜色区分出站导向和乘车导向标志

（4）在实际外部光照或内部照明条件下，标志的底色与图形符号、文字使用的颜色色调和明度应有较大的差异，应能使色盲和色弱者区分。

（5）在城市轨道交通网络运输时，标志中应使用线路标志色区分不同线路。

五、安全性原则

（1）标志设置后不应有造成人体伤害的任何潜在危险。

标志设置要牢固。悬挂和悬臂设置时，应注意标志的下边缘不应伤害人的头部，要求悬挂和悬臂式标志下边缘与地面的高度不低于2.3米。

（2）有些地点存在潜在的危险，在这些地点应设置必要的安全标志。

（3）当轨道交通客运组织和设施使用功能发生变化时，应设置相应的临时标志，并将与之相矛盾的标志进行遮挡。

（4）为使标志设置后能够高质量服务乘客，应保证材料耐用、不变色、环保、不反光、易于维护；标志在制作构造上，要达到一目了然的醒目效果，使用的材料、颜色必须准确、稳定，所有材料须符合消防及安全要求。

（5）标志在制作上，既要考虑美观大方、牢固耐用，又要注意节约，尽量选用质量好、价格合理的材料，同时还要考虑标志标线的更换和维修的方便。

第二节　标 志 设 计

一、版面设计

根据标志设置的统一性原则，在标志设计时，必须对版面布置予以规范，做到清晰和美观。比如：标志中的箭头、图形符号、中文、英文和数字应按重要程度从左到右，横排横写；中文在上，英文在下。只有当箭头向右时，标志中的箭头、图形符号、中文、英文和数字才按重要程度从右到左。

（一）版面横向布置

（1）导向标志版面横向布置。

1）箭头指左向（含左上、左下），图形符号、文字、数字等应位于箭头的右侧，并按重要程度自左向右排列，如图3-11所示。

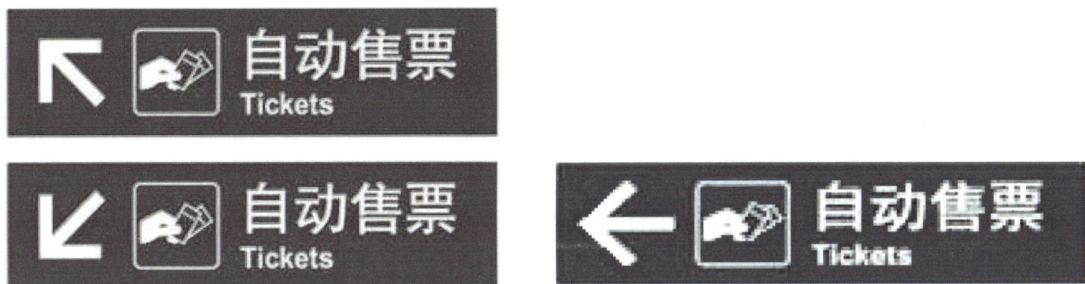

图3-11　箭头指左向的标志

2）箭头指右向（含右上、右下），图形符号、文字、数字等应位于箭头左侧，并按重要程度自右向左排列，如图3-12所示。

图3-12　箭头指右向的标志

3）箭头指上向或下向，图形符号、文字、数字等宜位于箭头右侧，并按重要程度自左向右排列，如图3-13所示。

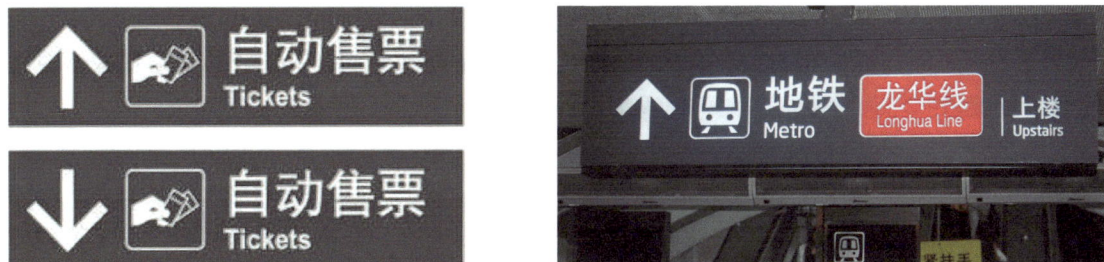

图3-13　箭头指上向的标志

（2）定位标志版面横向布置时，宜图形符号位于左方，文字位于右方，如图3-14

所示。

图3-14　定位标志版面

（3）标志版面横向布置时，标志中的排列应中文在上，拼音或英文在下，如图3-15所示。

图3-15　标志的中英文排序

（二）版面纵向布置

（1）导向标志版面纵向布置。

1）箭头指下向（含左下、右下），图形符号、文字、数字等宜位于箭头上方，并按重要程度自上向下排列。

2）其他情况，图形符号、文字、数字等均宜位于箭头下方，并按重要程度自上向下排列。

（2）定位标志版面纵向布置时，宜图形符号位于上方，文字位于下方。

（3）标志版面纵向布置时，应中文在右，拼音或英文在左。拼音或英文字符较多时，应顺时针旋转90°。

二、标志位置

根据车站的环境要求，标志的设置位置选择在天花板下悬挂，或在侧墙、柱子等物体上贴附。具体要求如下：

（1）导向标志应设置在通道或者客流通行区域的中线位置，并与客流方向相垂直，宜按照远视距设置，如图3-16所示。

图3-16　按远视距设置的导向标志

（2）辅助导向标志、提示与警告标志的设置应平行于客流方向，宜按照中、近视距设置，如图3-17所示。

图3-17　辅助导向标志

（3）站内导向标志间距不得大于80米，站外导向标志间距不得大于200米；在人流的交叉点、分流点和转向处，应设置相应的导向标志。

（4）公用电话、公共卫生间、客服中心及垂直电梯、自动扶梯等服务设施应设置相应的导向标志，按中视距单独设置相应的定位标志。

（5）在车站内，应在无障碍通道上设置导向标志，并在无障碍通道电梯、出入口等处，设置相应的定位标志。

（6）标志应设置在醒目、没有视线遮挡以及其他信息干扰的适宜位置。在客运服务标志的通视范围内，不得设置妨碍视线的广告或者其他设施；广告和其他设施的设置不得影响客运服务标志功能的发挥。

如图3-18所示，标志被摄像头遮挡。同样，摄像头也被标志牌遮挡，影响了其观察的需要。

如图3-19所示，体型庞大的时钟侵入标志的通视范围，妨碍了乘客视线。

图3-18　被摄像头遮挡的标志

图3-19　侵入标志通视范围的时钟

三、标志规格

轨道交通车站内的标志，由于受场所面积、容积影响，其规格必须统一规定，标志颜色也做统一要求，方便识别。标志必须能满足乘客搭乘轨道交通的目的：进站后，乘客的目的是"乘车"；下车后，乘客的目的是"出站"。乘客需要用最短的时间进入车站乘车，及下车后用最短的时间出到站外，标志必须采用清晰、易懂、易辨、易记而且醒目的颜色及图符来突出信息，帮助乘客迅速完成出行目的。

1．标志颜色

定位、导向、综合信息标志的基准色应采用深暗色，出口图符的底色宜采用绿色，信息主体的图案、文字及数字均采用白色。禁止、警告、消防安全标志的颜色符合国家标准《安全色》（GB2893—2008）的有关规定。

2．标志外形尺寸

定位和导向标志的外形尺寸要求，标志高度，宜300毫米；标志宽度，按信息的空间需要，宜采用300毫米、600毫米、900毫米、1 200毫米或1 500毫米等规格。

其他标志规格尺寸宜根据安装标志的建筑结构等要素，按比例协调设置。

3．标志版面信息布置尺寸

定位和导向标志中图形符号、中文和英文尺寸及其与标志边缘的距离要求统一。图 3-20所示（单位：毫米），为深圳地铁采用的版面设计尺寸，在整个轨道交通网络中统一设置，识别效果较好。

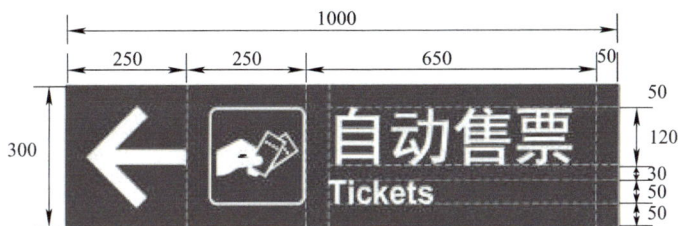

图3-20 版面信息尺寸

第三节 标志载体与安装维护

一、载体种类

标志的载体可根据标志的种类选用不同形式。

1．灯箱

在箱体内部安装照明灯具，通过内部光线的透射显示箱体表面的信息，宜用于疏散标志、重要的导向标志和定位标志，如图3-21所示。

采用灯箱载体时要注意以下几个方面：

（1）内部照明灯具要配合显示内容，做到光线均匀分布，不能同一个版面内容亮度不一而造成识别困难；

（2）要便于维护，在照明灯具因衰减照度不足或报废时，能够轻松更换新的照明灯具而不影响使用；

（3）标志版面采用的膜能够更换，便于在标志内容有更改或膜自身损坏时，只要更换膜就可以使用，达到节约维修成本的目的。

图3-21 灯箱载体的标志

2．牌、板

信息可印制在牌、板上。牌、板宜用于综合信息标志、安全标志和辅助引导标志等，图3-22所示为出入口处的信息板，用以提醒进站乘客有关乘车注意事项。

图3-22　信息板

3．电子设备

电子显示器（屏）等设备能显示实时信息，宜用于综合信息、列车到发信息和自动检票设备的出、入状态标志，如图3-23所示为站台上的列车到发信息显示屏。

图3-23　电子显示屏

4．物体表面

将信息直接喷涂在地面，或喷涂在其他介质表面后进行粘贴。这一方式宜用于站台安全线、车门位置标志以及乘客行进线路中的分岔点等，如图3-24所示。

图3-24　地面喷涂和粘贴的信息

二、载体要求

1．照明

标志的照明可采用外部照明和内部照明。标志采用外部照明时，标志设置位置的照明条件应符合国家标准《城市轨道交通照明》（GB/T　16275—2008）的有关规定。标志设置位置的照明不能满足视读时，应增加局部照明或采用内部照明。

标志采用内部照明时，应避免直接眩光；标志采用外部照明时，应避免反射眩光。

采用外部照明的标志，照明条件应符合国家标准《城市轨道交通照明》（GB/T　16275—2008）的相关规定，其照度应达到国家标准《城市轨道交通照明》（GB/T　16275—2008）规定的相应场所照度标准值的下限值。

采用内部照明标志，其光亮度应不小于500坎德拉每平方米。

2．尺寸

标志载体的尺寸规格应根据建筑物结构和标志的功能进行规范，规格尺寸不宜繁多。

3．材料

标志载体应采用安全、环保、耐用、不褪色、防眩光的材料制作，不应使用遇水变形、变质或易燃的材料。有触电危险的场所应使用绝缘材料。制作材料应符合相关环保标准。

三、标志安装维护

（一）安装方式

根据标志具体的设置位置和环境采用悬挂式、悬臂式、壁挂式、落地式或附着式。

1．悬挂式

悬挂式是通过拉杆、吊杆等将标志上端与建筑物或其他结构物连接的设置方式，如图

3-25所示。

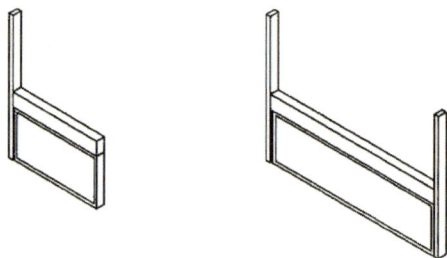

图3-25　悬挂式标志示意图

图3-26所示为悬挂式标志在现场实际应用的案例。

图3-26　悬挂式标志的实际案例

2. 悬臂式

悬臂式是将标志侧端与建筑物或其他结构物连接的设置方式，如图3-27所示。
图3-28所示为悬臂式在现场实际应用的案例。

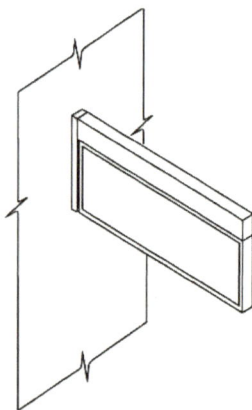

图3-27　悬臂式标志

图3-28　悬臂式标志的实际案例

3．壁挂式

壁挂式是将标志牌、板或灯箱挂在墙壁、墙柱等结构物表面，如图3-29所示。

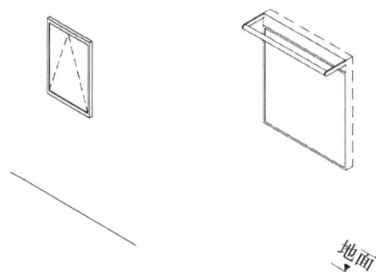

图3-29　壁挂式标志

图3-30所示为壁挂式在现场实际应用的案例。

图3-30　壁挂式标志的实际案例

4．落地式

落地式是通过某种固定方法使标志竖立在地面或建筑物顶面的设置方式，如图3-31所示。

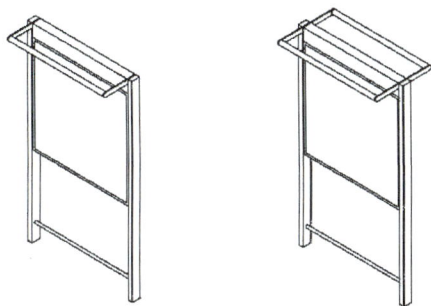

图3-31　落地式标志

图3-32所示为落地式在现场实际应用的案例。

图3-32　落地式标志的实际案例

5．附着式

附着式是采用钉挂、镶嵌、粘贴、喷涂等方法直接将标志的一面或几面贴附在侧墙、物体、地面的设置方式，如图3-33所示。

图3-33　附着式标志

（二）安装要求

标志设置不得侵入相关限界，不得影响乘客正常通行和紧急疏散。

除盲人标志外，标志的设置高度应由正常人的平均视高、乘坐轮椅行动不便者的平均视高、观察角、观察距离、建筑结构、列车车窗高度等因素决定。观察角和偏移角应符合国家标准《公共信息导向系统　设置原则与要求　第1部分：总则》（GB/T 15566.1—2007）的相关规定。

标志的依托物应稳固，能够承受可预见的撞击力，具有相应的承重能力。如图3-34所示，该标志就因设计和使用材料未能满足承重能力，导致标志板变形。

标志在露天设置时，应采取措施防止日照、风、雨、雹等自然因素对标志带来破坏和影响。

图3-34　变形的标志板

（三）管理和维护

标志应定期进行检查和保养。

与轨道交通相连通的公共交通枢纽、商场和其他建筑物的建设单位应负责辖区范围内导向标志和定位标志的设置，其管理单位应负责日常管理和维护。

因工程施工或者其他原因使运营服务标志暂时不能发挥作用的，应及时采取措施以免误导乘客。可以根据需要设置临时客运服务标志，当临时客运服务标志失去作用时应及时撤销。如图3-35所示，过期的临时标志有碍观瞻。

图3-35　过期的临时标志

第四章
定位与导向标志

第一节　种　类

城市轨道交通客运服务中需要提供导向和定位标志的场所和设施包括以下几种：车站出入口、售票处、客服中心、检票处、自动扶梯、垂直电梯、警务室、公共卫生间、出口、公用电话、站台等。

一、定位标志

1. 车站出入口标志

车站出入口标志用于确认轨道交通车站的出入口位置，设置在轨道交通出入口外在建筑物上，满足不同方向乘客的辨识需求。

根据车站建筑方式的不同，车站分为高架站、地面站和地下站。高架站和地面站的建筑物容易识别，但地下站只有出入口通向地面，找到入口不容易。因此车站出入口必须设置清晰和醒目的标志，以便于乘客识别。

图4-1所示为北京地铁车站出入口标志设置方式，置于出入口建筑上部，方便不同方向的客流辨识。图4-2所示是深圳地铁一期工程车站出入口标志设置方式。

图4-1　北京地铁车站出入口标志

图4-2　深圳地铁车站出入口标志

2．站名标志

站名标志用于确认车站名称。乘客在乘坐轨道交通出行的时候，在两个位置点需要确认车站名称：一是进站前，二是到站下车时。因此，车站站名标志设置在车站出入口和站台柱面、墙面或屏蔽门（安全门）上，如图4-3所示，依次是出入口、站台柱面、站台侧墙、屏蔽门上的站名标志。

图4-3　不同位置的站名标志

3．售票处标志

售票处标志（如图4-4所示）用于确认自动售票的地点，设置在自动售票机上方或附近。

4．客服中心标志

客服中心标志（如图4-5所示）用于确认客服中心的位置，设置在客服中心上方或附近。

图4-4　自动售票标志

图4-5　客服中心标志

5．检票处标志

检票处标志采用闸机状态显示，用于确认是否可以经闸机进入付费区或非付费区。设置在闸机上方，宜采用可变标志，两面都显示信息。图4-6所示为设置在检票闸机处的可变标志，与闸机状态联动显示。

图4-6　与闸机联动的检票处可变标志

6. 自动扶梯状态标志

自动扶梯状态标志用于乘客确认自动扶梯的乘坐方向，设置在自动扶梯两端的上方。车站的自动扶梯出于安全需要，需经常维护保养，而定期调整其运行方向是其中的一项保养要求。因此自动扶梯状态标志必须设置为动态显示形式，便于根据自动扶梯的运行方向给出正确的状态表示，如图4-7所示。

图4-7　自动扶梯状态标志

7. 垂直电梯标志

垂直电梯标志（如图4-8所示）用于确认垂直电梯的位置，设置在垂直电梯附近。

8. 警务室标志

警务室标志（如图4-9所示）用于确认警务室的位置，设置在车站内警务室附近。

图4-8　垂直电梯标志　　　　　图4-9　警务室标志

9. 公共卫生间标志

公共卫生间标志（如图4-10所示）用于确认提供给乘客使用的卫生间的位置，设置在公共卫生间附近。

（1）当卫生间配备有无障碍专用设施时，应与无障碍服务设施图形符号组合使用，如图4-11所示。

图4-10　公共卫生间标志　　　图4-11　配有无障碍专用设施的卫生间标志

63

（2）男卫生间标志（如图4-12所示），设置在男卫生间门上或门框旁。

（3）女卫生间标志（如图4-13所示），设置在女卫生间门上或门框旁。

（4）无障碍设施标志（如图4-14所示），设置在卫生间无障碍专用设施上或附近。

图4-12　男卫生间标志　　图4-13　女卫生间标志　　图4-14　无障碍设施标志

10．出口标志

出口标志（如图4-15所示）用于确认车站出口的位置，应设置在非付费区人行通道口的上方，含出口标志、出口周边道路、标志性建筑、公园、旅游景点等名称。

11．公用电话标志

公用电话标志（如图4-16所示）用于确认公用电话的位置，应设置在公用电话上方或附近。

图4-15　出口标志

图4-16　公用电话标志

12．站台标志

站台标志用于确认站台行车方向，设置在站台候车处。

车站一般使用所乘线路行车方向的终点站来指代站台，比如"往某某方向"等。但在轨道交通网络化运营后，两条线或更多条线的换乘站的出现以及长短交路套跑的行车组织模式的出现，对于站台标志的识别和选择就变得复杂。

车站工作人员在实际运作中为方便高效处理各类事件，按一定规则为站台进行编号，如1站台、2站台等。沿用这个思路，客运服务标志中也采用站台编号来作为站台标志。如图4-17所示，表示1号站台前往罗湖方向乘车。

图4-17　站台标志

二、导向标志

乘客在乘坐轨道交通出行的时候，需要在几个方面得到引导指示：一是找到出入口；

二是找到售票处；三是找到进、出站闸机；四是找到乘车站台；五是其他应急需要。导向标志主要根据乘客的需求按需设置，在每一个产生需求的地点准确无误地给出引导。

1. 轨道交通车站导向标志

轨道交通车站导向标志用于指示前往轨道交通车站出入口的方向，设置在轨道交通出入口周围500米半径范围内的道路交叉口、人行道、重要建筑出口等人流量较大的地点。当两条及以上线路换乘站的出入口分开设置，站内无法连通时，应该增设指示不同线路车站出入口的指向标志，即增加线路号。

图4-18 深圳地铁线路
号图形符号

关于线路号的图形符号如何设置才能区别于其他标志，深圳地铁就采用了如图4-18所示的图形符号，在使用中效果较好。

2. 自动售票导向标志

自动售票导向标志（如图4-19所示）用于指示通往自动售票机的方向，设置在从轨道交通车站入口或站厅入口到自动售票机路线上的分岔口处。

3. 客服中心导向标志

客服中心导向标志（如图4-20所示）用于指示前往客服中心的方向，设置在从车站入口或站厅入口到客服中心路线上的分岔口处。

图4-19 自动售票导向标志

图4-20 客服中心导向标志

4. 无障碍设施导向标志

无障碍设施导向标志（如图4-21所示）用于指示前往无障碍设施的方向，设置在无障碍设施附近。

图4-21 无障碍设施导向标志

5. 垂直电梯导向标志

垂直电梯导向标志用于指示通往垂直电梯的方向，一般都要与出站和乘车导向组合设置，如图4-22、4-23所示。垂直电梯导向标志设置在通往站台或站厅层垂直电梯路线上的适宜位置。

图4-22 乘车方向垂直电梯导向标志

图4-23　出站方向垂直电梯导向标志

6. 自动扶梯导向标志

自动扶梯导向标志用于指示前往自动扶梯的方向，同样，也要与出站和乘车导向组合设置，如图4-24所示，设置在通往站台或站厅层自动扶梯路线上的适宜位置。

图4-24　出站方向自动扶梯导向标志

7. 公共卫生间导向标志

公共卫生间导向标志（如图4-25所示）用于指示前往公共卫生间的方向。设置在公共卫生间附近。

8. 乘车导向标志

乘车导向标志（如图4-26所示）用于指示前往站台的方向，设置在从通道、客服中心或售票处到乘车站台路线上的分岔口处。

图4-25　卫生间导向标志

图4-26　乘车导向标志

9. 列车运行方向导向标志

列车运行方向导向标志（如图4-27所示）用于指示列车运行的方向，含本站站名、终点站名、站台编号及线路图，设置在站台上方、屏蔽门或安全门上方、道心侧墙上。

图4-27　列车运行方向导向标志

10. 出站导向标志

出站导向标志（如图4-28所示）设在车站范围内用于指示前往车站出口的方向，设置在从站台到出口路线上的分岔口处。

11. 公交枢纽导向标志

公交枢纽导向标志（如图4-29所示）用于指示前往公交枢纽站的方向，设置在通往公交枢纽的路线上。

图4-28 出站导向标志

图4-29 公交枢纽导向标志

12．火车站导向标志

火车站导向标志（如图4-30所示）用于指示前往火车站的方向，设置在从站台到火车站路线中的分岔处。

13．机场导向标志

机场导向标志（如图4-31所示）用于指示前往机场的方向。设置在从站台到机场路线中的分岔处。

图4-30 火车站导向标志

图4-31 机场导向标志

第二节 设 置 原 则

定位标志和导向标志的设置应满足乘客进站乘车、下车出站、站内换乘及其他必要事项四个方面的需求。

一、进站乘车服务

（一）站外服务标志的设置原则

1．设置范围

轨道交通站间距约为1千米，车站吸引步行客流的半径约为500米。因此，站外轨道交通导向标志也应设置在距车站500米的区域范围内，在同一路径方向，所设导向标志不得少于三块；而在公交车站、商业设施、交叉路口等人流密集的地点应连续设置。

站外导向标志设置在城市路面，受制于路面条件，需要跟所属区域的城市管理部门以及沿路的相关建筑物业等协商，各相关单位须给予理解和配合。原则上，单独设置，无需用电；在单独设置条件受限时，也可考虑与其他道路标志或物业标志组合设置。

2．标志内容

站外导向标志信息内容应包括城市轨道交通图形符号、箭头，条件允许的情况下可包括距车站的距离，线路名称或线路色，车站名称等。

原则上，标志内容宜统一和标准化，这主要基于运营单位维护成本的考虑。统一和标准化的标志可批量制作，一是降低成本，二是便于更换维修。而越详细、越具体的标志就越不具有替代性，必须单独制作、固定位置，制作周期长、成本高。

3. 其他

站外导向标志的设置位置、方向和高度应便于乘客观看，与周围环境相协调，并符合本市道路交通等其他有关规定。

（二）车站出入口标志设置原则

（1）车站出入口处应设置定位标志。标志上标明本站站名、线路名称、城市轨道交通图形符号、出入口编号等。

（2）与轨道交通车站相连通的公共交通枢纽、商场和其他建筑物的建设单位，在与轨道交通车站连通处设置车站出入口定位标志。在相连通的公共交通枢纽、商场和其他建筑物内连续设置轨道交通车站导向标志。

（3）换乘站进站口的导向标志应标明各条线路的名称、线路色以及分别前往各条线路站厅层的方向。

（三）车站通道内标志设置原则

（1）通道站厅层入口处应设置导向标志，标明售票处和乘车方向。

（2）换乘站的通道还应标明不同线路的检票口方向。

（3）换乘车站的出入口、站厅入口、通道入口和楼梯口处宜设置动态信息显示标志，显示本线和换乘线路实时运营信息。

（四）站厅内标志设置原则

1. 售票处

售票处应当设置轨道交通运营网络票价表，并给出本站可前往和换乘的各条运营线路图，并设置人工售票处、自动售票处或客服中心的定位标志。

在售票处应设置通往检票口的导向标志。

2. 检票口

（1）侧式站台车站，其站厅的导向标志应分别指向不同乘车方向的检票口；换乘站的导向标志应指向不同线路、不同乘车方向的检票口。

（2）应面向客流设置检票口定位标志和专用通道的定位标志。侧式站台的检票口应标明列车的去向；换乘站的检票口应标明运营线路的名称和线路色。

（3）闸机或其上方宜设置动态信息显示标志，显示闸机当前工作状态。

3. 站台方向

在站厅层付费区面对客流方向，应设置导向标志，标明不同去向的上车站台的方向。通向不同线路站台层的，应标明不同线路的名称、线路色、列车的去向及上车站台的方向。

（五）站台上标志设置原则

（1）在站台层的适当位置应设置本站站名、列车前方车站与终点站的标志。其中本站站名能被列车上的乘客识别。

（2）因楼梯、设备用房等设施隔断视线的，相应的部位应增设站名标志。

（3）在车站站台层乘客通视位置应设置动态信息显示标志，显示下一班列车到达时间及列车运行方向，其中大小交路及共线运营的，还应显示不同目的地的列车到达时间。

（4）在站台的侧墙上或立柱上应设置中视距的本线线路图。线路走向可用直线表示，站名排列应与列车运行方向相一致，其中本站站名应特别醒目，以有别于其他站名。

（5）列车运行方向标志应根据站台形式和结构设置在站台的侧墙、立柱或屏蔽门或站台边缘上方等位置。

（6）列车运行方向标志信息内容应包括箭头、下一站站名、本站站名，宜包括上一站站名，可包括线路色。本站站名的字号应大于下一站站名和上一站站名的字号，下一站站名宜比上一站站名醒目。

（7）站台层所设任何标志均不得侵入列车运行的安全限界。

二、下车出站服务

（一）站台层导向标志设置

应在站台层设置导向标志标明通往出口、自动扶梯、垂直电梯或者楼梯的前进方向。换乘站还应当标明换乘线路的方向。

（二）站厅层导向标志设置

1．出口闸机

在站厅层付费区内，面对自动扶梯、垂直电梯或楼梯方向应设置导向标志，标明出口闸机方向。换乘站还应当标明换乘线路的方向。

2．客服中心

在站厅层付费区内应当设置客服中心的定位标志，必要时应设置标明客服中心方向的导向标志，便于乘客办理补票等业务。

3．出口信息

在站厅层的出口闸机外客流的第一次分流处，应设置标明出口方向的辅助导向标志。在出口闸机外的通道处应面对客流设置导向标志，标明不同编号的出口方向。

站厅层出口处应设置导向标志，标明不同编号的出口方向。

（三）通道处标志设置

在车站出口通道处应设置定位标志及出口地面信息图。

出口地面信息图应标明站外必要的公共建筑、重要单位、主要居住区、公共交通线路与站点、公共停车场以及可连通的地下设施等内容。

三、站内换乘服务

（一）站台间换乘

应当在站台设置导向标志，标明换乘线路及线路走向；并在换乘客流的交叉点增设导向标志，标明不同列车去向的站台方向。

（二）站厅间换乘

应在站厅设置导向标志，标明换乘线路的站台方向，并在换乘客流交叉点增设导向标志，标明不同线路的站台方向。

（三）通道换乘

（1）在换乘通道上每隔30米应设置导向标志，标明换乘线路及线路走向。

（2）有两条及两条以上线路的换乘站，应在每一条线路的车站设置不少于两块的换乘示意图标志，标明换乘站的具体布置、换乘方向、换乘通道以及换乘站在整体布置中的定位。

（3）乘车引导标志应设置在车站出入口、通道、站厅等通往站台通行区域的相应位置。换乘引导标志应设置在换乘站台通往目的站台通行区域的相应位置。当通行区域行程大于30米时，可重复设置。

（4）地面或侧墙上的附着式乘车、换乘引导标志可作为辅助引导标志，其颜色应使用线路色。乘车、换乘引导标志信息内容应包括箭头、线路名称及线路色，宜包括文字注释等。

四、标志的组合设置

（1）同方向出口导向标志、出站与换乘导向标志、同方向不同线路进站导向标志，均可分别组合在同一块标志中。

（2）公用电话、公共卫生间、客服中心、自动扶梯及垂直电梯等设施的导向标志，宜组合在进站上车、下车出站或站内换乘的导向标志中。

（3）在组合标志中，最主要的内容布置在标志的中间位置。

（4）进站上车与下车出站导向标志，在设置位置允许的条件下，可组合在同一块标志的正反面上。

（5）自动售票机、客服中心、自动扶梯、自动步道、楼梯、垂直电梯等导向标志应设置在乘客通往该设施的通行区域的相应位置。

（6）自动扶梯、自动步道、楼梯、垂直电梯导向标志可与乘车、换乘、出站导向标志组合。

第三节　设　置　说　明

一、轨道交通车站导向标志

（1）指向单一线路车站或换乘车站（2条及以上线路在此区域换乘，各车站都是连通的）的导向标志如图4-32所示。

图4-32 指向单一线路车站的导向标志

（2）指向换乘车站（2条及以上线路在此区域换乘，各车站并不连通）的导向标志如图4-33所示。

图4-33 指向4条线连通车站的导向标志

（3）车站导向标志的设置示例如图4-34所示，图中数字单位均为毫米。

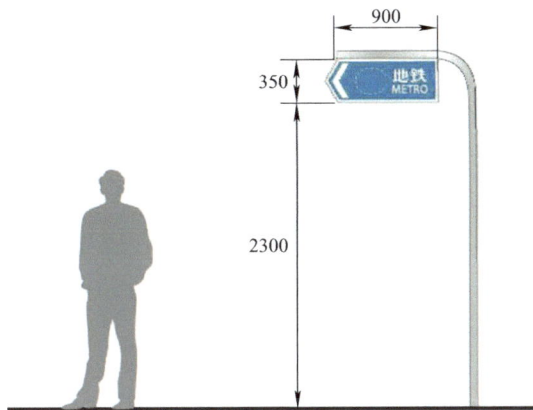

图4-34 车站导向标志设置示例图

二、车站出入口标志

1．车站出入口标志的要素

车站出入口标志需提供几个要素：轨道交通标志、线路名、车站名称、出入口编号等，如图4-35所示。

图4-35 车站出入口标志要素

2．一般车站出入口标志示例

一般车站出入口标志设置如图4-36所示，图中数字单位均为毫米，实景图如图4-37所示。

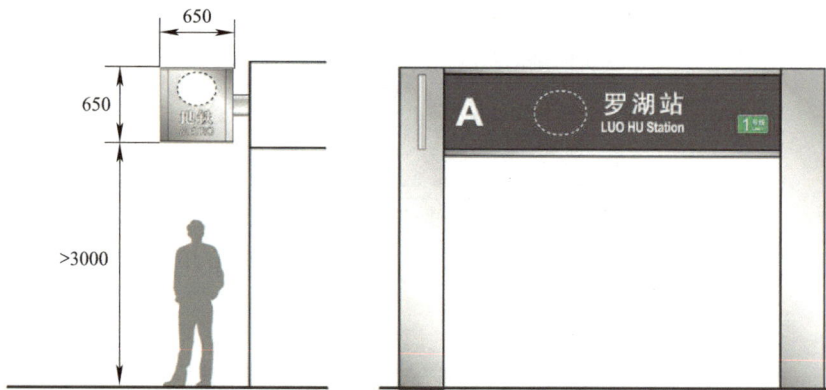

图4-36 一般车站出入口标志示例图（左为侧立面图，右为正面图）

图4-37 一般车站出入口标志实景图

3．敞口式车站出入口示例

敞口式车站出入口设置如图4-38所示。

4．出入口垂直电梯处示例

设置在出入口的垂直电梯也需标注车站出入口标志，如图4-39所示。

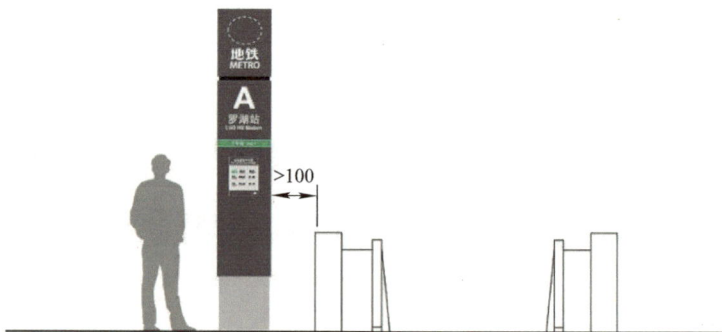

图4-38 敞口式车站出入口正立面示例图

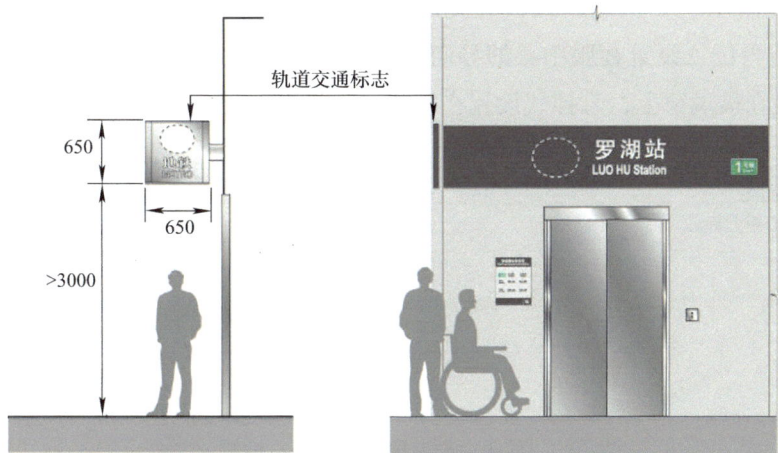

图4-39 垂直电梯处的车站出入口标志示例图（左为侧立面图，右为正立面图）

5．高架站的出入口标志

高架站因其建筑方式的特点，车站和线路都在地面，识别度很高。因此，一般都是先找到车站，后找出入口，如图4-40所示。

图4-40 高架站出入口标志

三、售票处和客服中心导向标志

客流方向与自动售票机排列线垂直时，自动售票机的定位标志和导向标志的布置示例如图4-41所示。如客流方向与自动售票机排列线平行，标志牌宜调整为与售票机排列线垂直。图中数字单位为毫米。

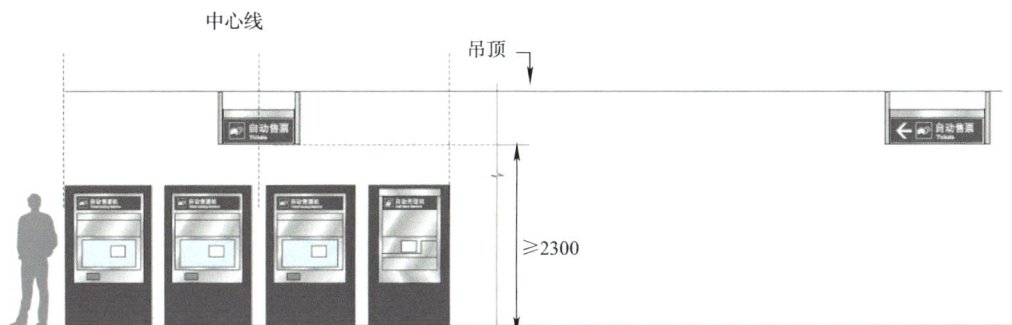

图4-41 售票处定位标志和导向标志设置示例图

如图4-42所示，如从站厅入口处无法直接看到客服中心时，应在车站入口到客服中心路线上的适当位置设置客服中心的导向标志。客服中心定位标志采用悬挂式及附着式设置。附着式设在玻璃窗上；悬挂式设置在客服中心附近，与客流方向垂直。

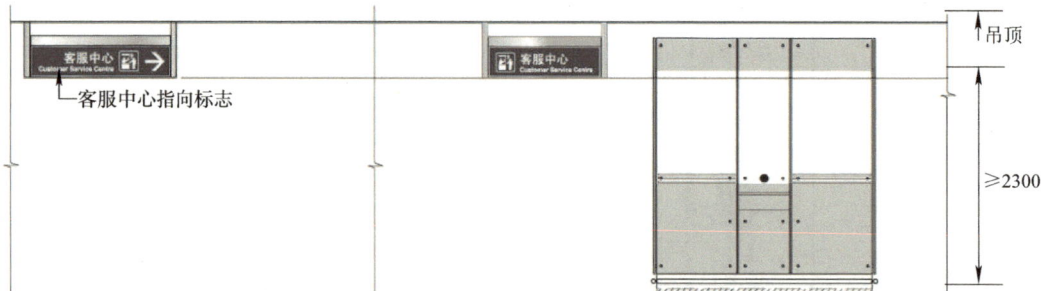

图4-42　客服中心定位和导向标志设置示例图

四、乘车导向标志

乘车导向标志用于指示前往站台的方向，设置在从通道、客服中心或售票服务设施到乘车站台路线上的分岔口处。

1. 通道的乘车导向

在岔路口或在长于30米的通道中，应设乘车导向标志，引导乘客进站，如图4-43所示，图中数字单位为毫米。

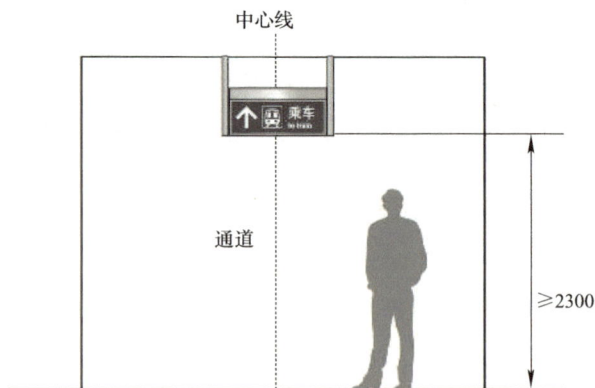

图4-43　通道处的乘车导向设置示例图

2. 楼梯处的乘车导向

楼梯处的乘车导向（如图4-44所示）用于指示前往乘车的方向，应设置在楼梯上方的相应位置，如图4-45所示。

图4-44　楼梯处的乘车导向

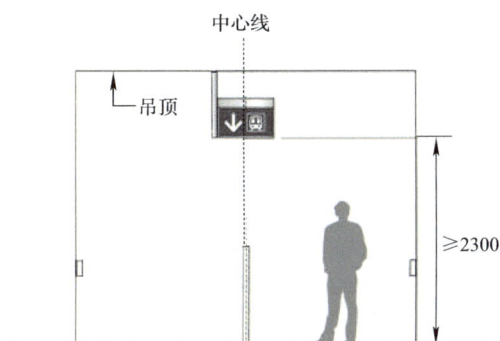

图4-45 楼梯处的乘车导向设置示例图

3．通往站台的垂直电梯导向标志

通往站台的垂直电梯导向标志如图4-46所示。

图4-46 通往站台的垂直电梯导向标志

4．通往站台的自动扶梯导向标志

置于站厅前往站台的自动扶梯起点上方的状态标志，如图4-47所示，自动扶梯运行方向为站厅往站台时，列车标志亮灯，否则就是禁止通行标志亮灯。

图4-47 通往站台的自动扶梯状态标志

图4-48所示为站厅前往站台的自动扶梯起点上方的状态标志设置示例，图中数字单位为毫米。

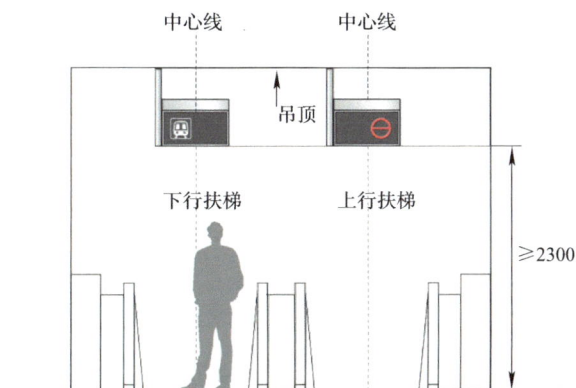

图4-48 通往站台的自动扶梯状态标志设置示例图

5. 站台的乘车导向

用于站台层指示前往乘车的站台方向（含站台编号）如图4-49所示，设置在站台上方的相应位置。

图4-49　站台的乘车导向

6. 线路的乘车导向

用于站台或站厅层指示前往不同线路乘车的方向（换乘车站适用），如图4-50所示。

图4-50　线路的乘车导向

7. 列车运行方向导向

图4-51所示为设在屏蔽门上方的列车运行方向导向标志示例。

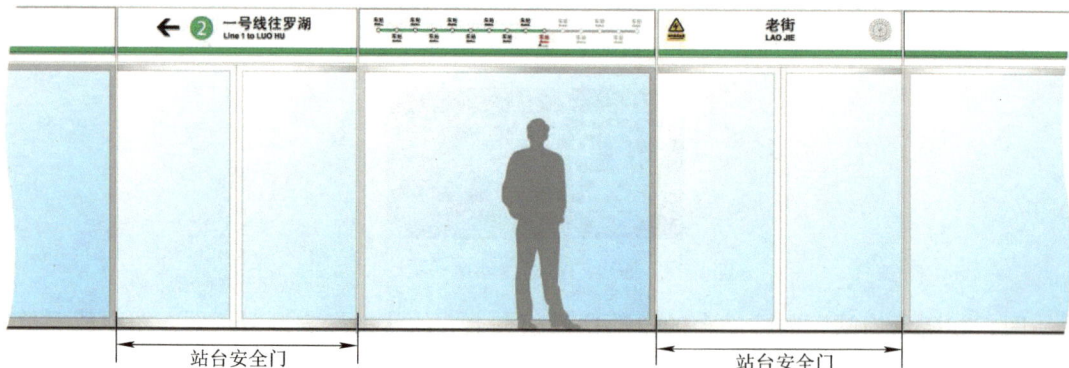

图4-51　列车运行方向导向示例图

五、出站导向标志

（一）出站导向标志

出站导向标志如图4-52所示。

图4-52　出站导向标志

（二）站台层的出站导向标志

站台层的出站导向标志用于指示通往站厅层的楼梯或自动扶梯、垂直电梯，设在站台的楼梯、垂直电梯或自动扶梯口附近。

（1）指示通往站厅的楼梯标志如图4-53所示。

图4-53　指示通往站厅的楼梯标志

（2）指示通往站厅的自动扶梯标志，如图4-54所示。

图4-54　指示通往站厅的自动扶梯标志

（3）指示站台通往站厅的垂直电梯导向标志如图4-55所示。

图4-55　通往站厅的垂直电梯导向标志

（4）指示站台通往站厅的楼梯和自动扶梯的导向标志如图4-56所示。

图4-56　指示通往站厅层的楼梯和自动扶梯标志

（5）站台前往站厅的自动扶梯起点上方的状态标志如图4-57所示。自动扶梯运行方向为站台往站厅时，出口标志亮灯，否则就是禁止通行标志亮灯。

图4-57　站台前往站厅的自动扶梯状态标志

（6）站台层楼扶梯出站导向设置示例如图4-58所示。

站台层的出站导向标志应设置在站台的楼扶梯平台靠近轨道的位置；自动扶梯导向标志及出站导向标志应设置在站台的楼扶梯平台位置。

图4-58　站台层楼扶梯出站导向标志设置示例图

（7）站台层上下行扶梯处的出站导向设置示例如图4-59所示。

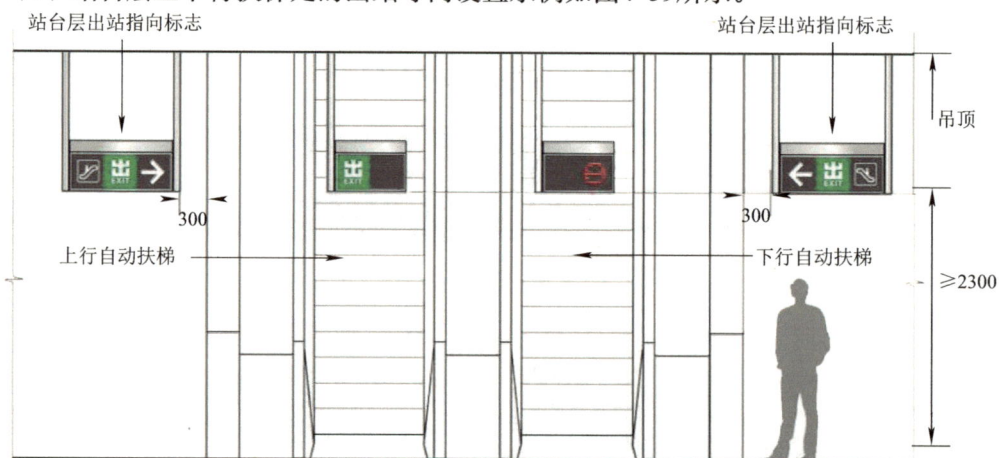

图4-59　站台层上下行扶梯处的出站导向标志设置示例图

（三）站厅层的出站导向标志

站厅层的出站导向标志用于指示车站出入口的方向，不同出口的出站指向标志宜集中设置。

（1）楼梯或扶梯口处的出口导向标志如图4-60所示，在此标志附近应设车站出口信息标志，补充详细车站出口外的综合信息。

图4-60　指示通往A、B出口

（2）在出口通道的分岔路口处，应设置如图4-61所示的出站指向标志。

图4-61 分岔路口的出站指向标志

（3）出站导向标志可与乘车导向标志构成换乘站的组合标志，设置在从站厅到另一条轨道交通线路路线的分叉点，如图4-62所示。

图4-62 换乘站换乘线路的组合导向标志

六、车站站名标志

（1）车站出入口站名标志如图4-63所示。

图4-63 出入口的站名标志

（2）站台柱面的站名标志如图4-64所示。

图4-64 站台柱面站名标志

（3）墙面的站名标志如图4-65所示。

图4-65　站台墙面站名标志

（4）屏蔽门的站名标志如图4-66所示。

图4-66　站台屏蔽门的站名标志

七、闸机状态标志

闸机状态标志有两类：进站闸机状态标志、出站闸机状态标志。

（1）进站闸机状态标志，用于确认经自动检票机进入付费区，如图4-67所示。

图4-67　进站闸机状态标志（左为正面，右为反面）

（2）出站闸机状态标志，用于确认经自动检票机进入非付费区，如图4-68所示。

图4-68　出站闸机状态标志（左为正面，右为反面）

（3）LED显示时，可用箭头表示允许通行，用"⊖"号表示禁止通行，如图4-69所示。

图4-69 LED显示的通行和禁止通行

（4）图4-70所示为进站闸机上方标志设置示例。

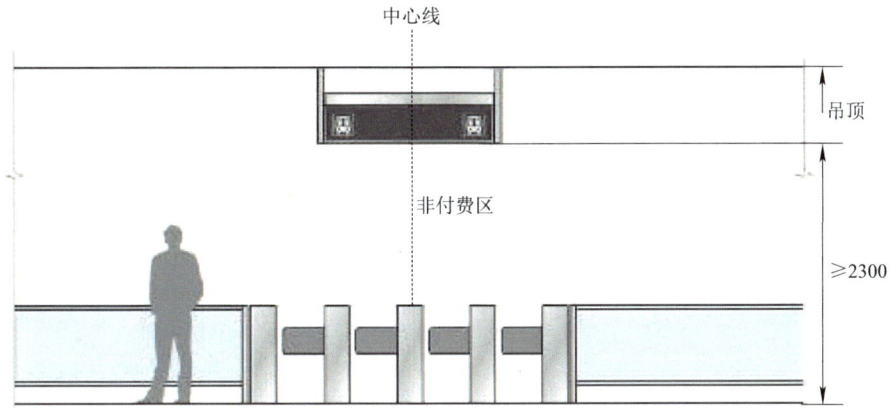

图4-70 进站闸机上方标志设置示例图

第五章
综合信息标志

5

第一节　种　类

城市轨道交通车站综合信息主要包括两个方面的内容：一是乘客想要了解的信息，二是轨道交通运营单位希望乘客了解的信息。

乘客想要了解的信息有：车站运营时间、轨道交通线路图、轨道交通网络线路图、票务信息、车站周边信息图、车站出口信息、车站空间示意图、实时运营信息、列车运行线路等。

轨道交通运营单位希望乘客了解的信息主要是城市轨道交通运营管理办法的相关内容，通过乘客的自觉遵守，维护车站设备设施和乘客的安全。中华人民共和国建设部令第140号《城市轨道交通运营管理办法》于2005年8月1日起颁布实施，各城市在此前后也出台了类似的管理办法、乘客守则等，相关内容以车站公告形式摘录张贴在车站和列车内。

一、运营时间标志

车站需要在出入口处告知乘客本站运营时间，运营时间包括本站首班车时间、末班车时间，以及车站开门时间和关门时间，如图5-1所示。如有必要还要增加本线路运营时间。

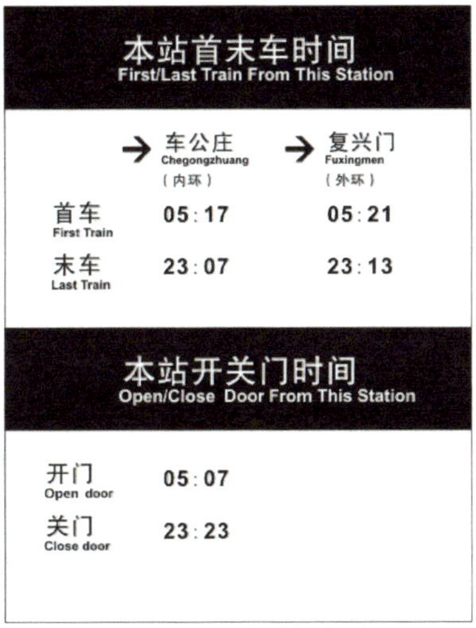

图5-1　运营时间标志

二、轨道交通线路图及轨道交通网络线路图

车站内应给出所属轨道交通线路的线路图。如果成网络的，还要提供轨道交通网络线路图，便于乘客查找目的地，如图5-2所示。

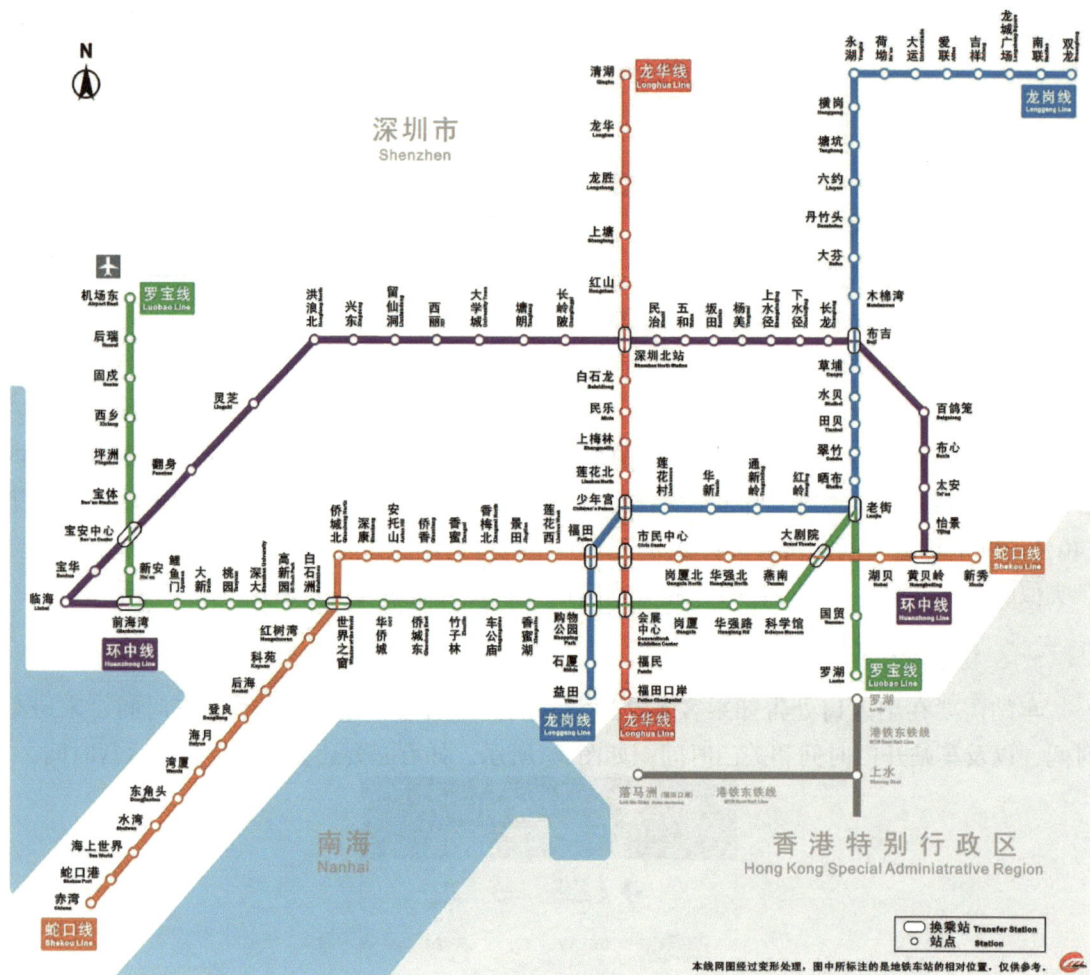

图5-2　轨道交通网络线路图

三、票务信息标志

票务信息主要包括票务政策、车票种类介绍、票价表、购票程序等，帮助乘客了解相关信息、确保乘客正确购买和使用车票。图5-3所示为车站单程票退票规定信息。

84

图5-3 单程票退票规定信息

四、车站周边信息图

车站周边信息图主要供出站乘客了解车站周边环境情况，以便正确选择合适的出入口出站。车站周边信息图包括车站周边街区、主要建筑物、著名景区、轨道交通与其他交通工具的接驳信息等，如图5-4所示。

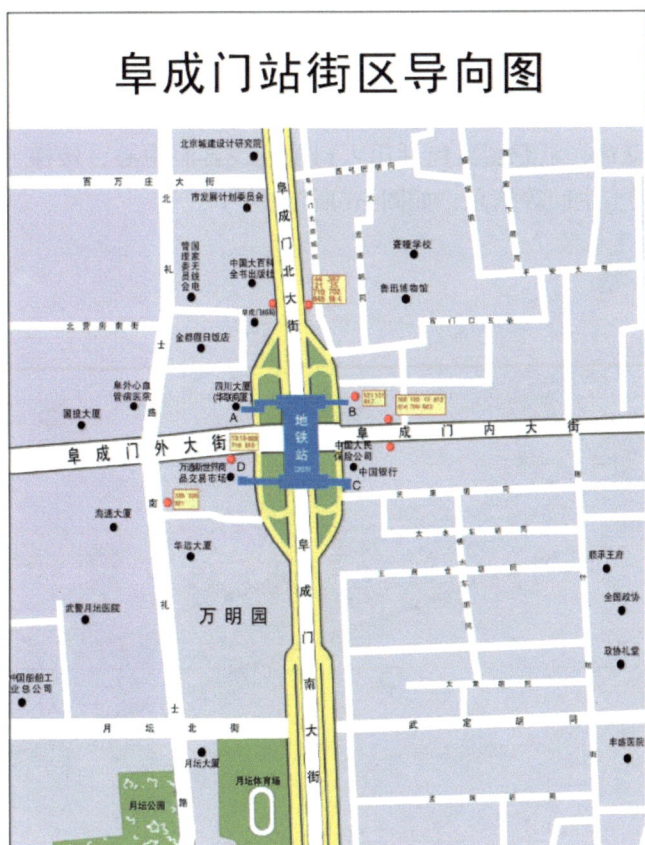

图5-4 车站周边信息图

五、车站出口信息标志

车站出口信息用于提供车站当前出口周边主要街道（包括主干道和次干道）、标志性建筑物、旅游景点、公园和主要公交线路名称等信息，是对车站周边信息图的补充和确认，如图5-5所示。

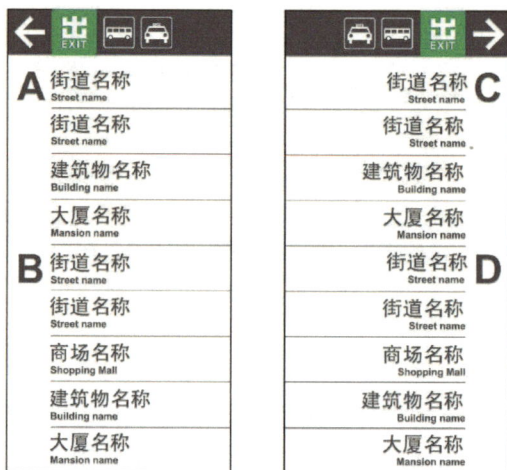

图5-5　车站出口信息标志

六、车站空间示意图

车站空间示意图用于提供轨道交通车站内各服务设施和出入口的相对位置，宜与车站周边信息图组合设置。示意图宜包括出入口位置、客服中心、楼梯、自动扶梯、垂直电梯、公用电话、公共卫生间等信息，如图5-6所示。

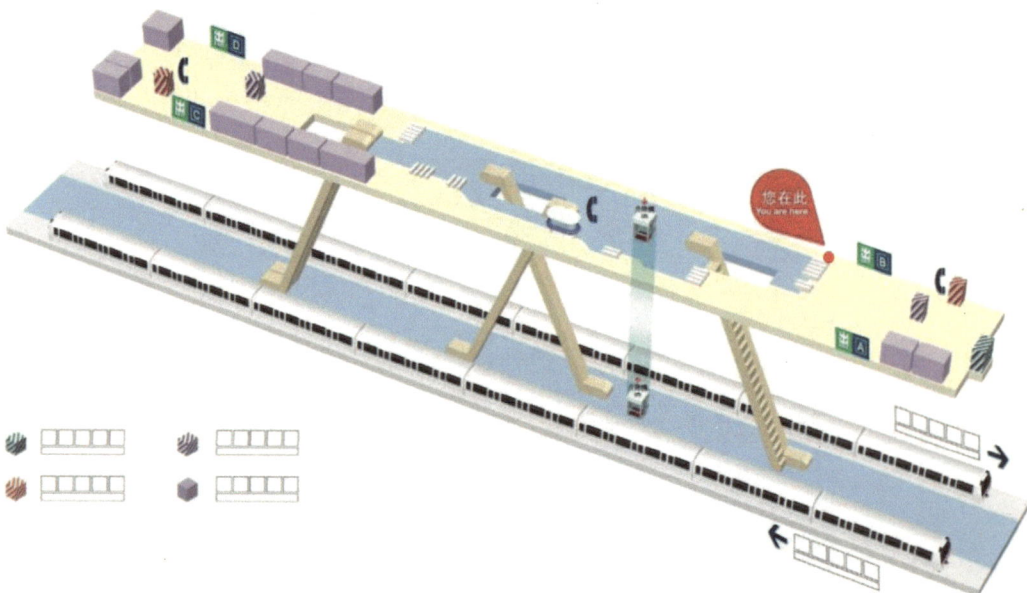

图5-6　车站空间示意图

七、列车运行线路标志

列车运行线路标志用于提供当前车站名、列车运行方向及本线路中所有车站名称等信息，便于乘客了解目的地车站、途径车站等情况，如图5-7所示。

图5-7 列车运行线路标志

八、公告栏

公告栏用于发布乘客在公共场所应遵守的法律法规、应注意的规定、事项以及运营信息通知等，如图5-8所示。

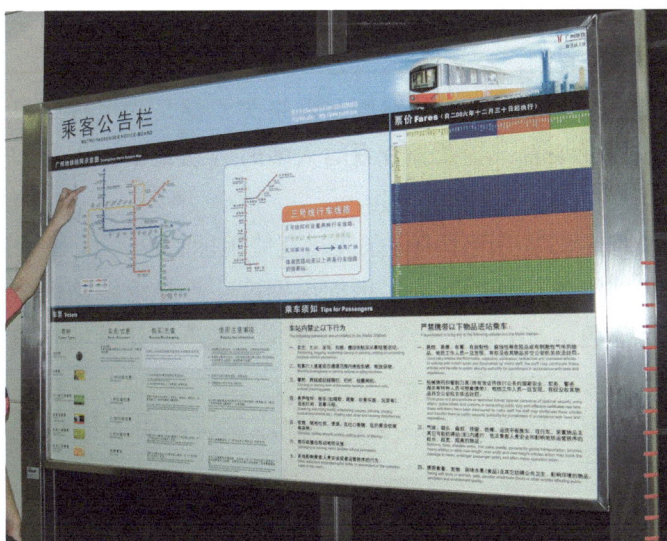

图5-8 公告栏

九、列车车厢内信息标志

列车车厢内信息标志用于在车厢内为乘客提供服务信息，设置在车厢内的适宜位置，如图5-9所示。

图5-9　列车车厢内信息标志

第二节　设置原则

一、轨道交通线路图和轨道交通网络图

（1）轨道交通线路图和网络图宜设置在车站的出入口、通道、售票处、站台、车厢等处，位置以不影响通行为原则。

从乘客需求角度分析，乘客查看线路图和网络图，都是为了找到目的地，因此查看时不会一扫而过，而是停下来看一会儿。查看的人多时容易聚集占据空间，所以设置时必须考虑这个因素。

（2）轨道交通线路图和网络图中的各条线路宜使用标志色。

在轨道交通实现网络化运营后，为了增加识别度，一是给线路命名，如1号线、2号线等；二是设定线路标志色，如1号线为红色、2号线为绿色。让乘客在轨道交通范围内，快速和方便地找到自己要乘坐的线路。

（3）轨道交通网络图和线路图中应突出标注本站，图中的换乘车站应区别于非换乘车站。

为了快速识别和获取有效信息，需首先找到所在站位置，其次再找目的站。换乘站区别于非换乘站，也有助于乘客选择合适的换乘路径，如图5-10所示。

图5-10　轨道交通线路图中特别标示的换乘站

（4）站台上和车厢里的线路图可与列车运行方向标志结合。

乘客下到站台时，对于所乘线路已有了初步判断，再次查看主要是为了辨别运行方向是否准确。因此，站台上和车厢里的线路图可与列车运行方向标志结合设置（如图5-11所示）。车厢内的轨道交通线路图，宜用指示灯显示列车到达的当前车站。

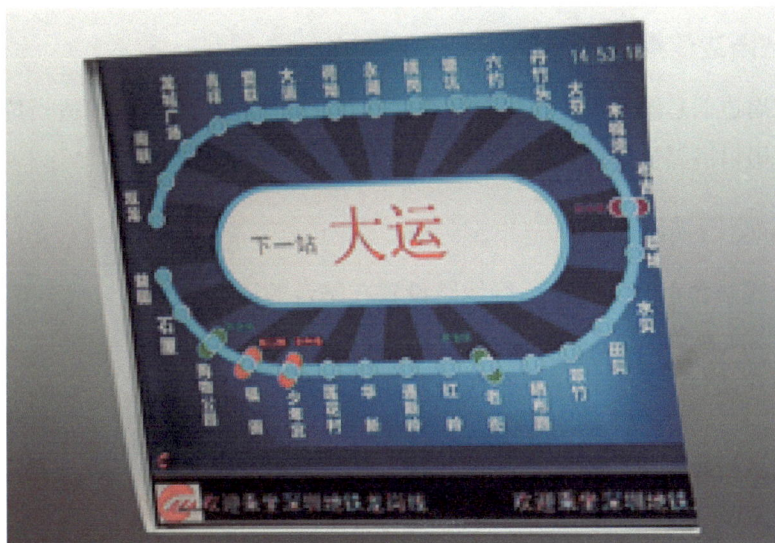

图5-11　车厢内轨道交通线路图

二、站内示意图

（1）站内示意图应设置在车站的站厅、站台等适当位置。
（2）站内示意图应标注读者的当前位置。
（3）站内示意图中信息的方位应与读者所在位置的实际场景一致。

三、票务信息标志

票务信息标志设置在售票处附近。计程票价时，票务信息以票价表或图的形式给出，突出标注出本站，并标注从本站到达其他各站的票价，如图5-12所示。

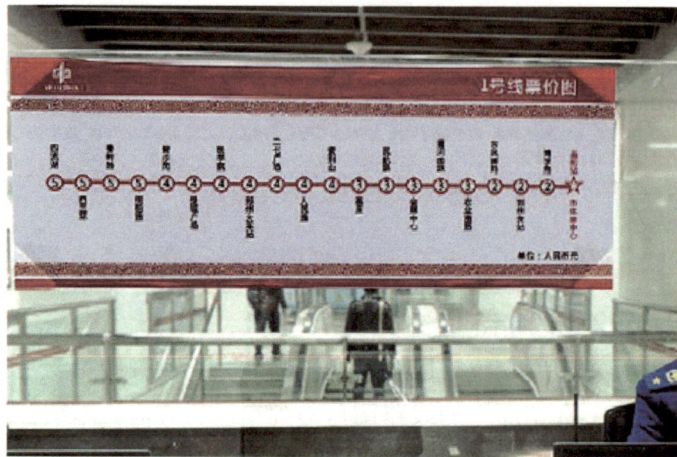

图5-12　售票处票价表

四、车站周边信息图和车站出口信息

（1）车站周边信息图宜设置在站台和站厅通往出入口的通行区域的适当位置。

（2）车站出口信息一般设置在前往出口通道路径的适宜位置。

五、列车运行线路图

（1）在岛式站台车站，列车运行线路设置在站台的适宜位置，与乘车导向标志配合使用，便于乘客选择乘坐正确方向列车。

（2）在侧式站台车站，列车运行线路除了设置在站台，站厅也要设置，以免乘客下错站台。

（3）列车运行线路已经过车站使用浅色，前往车站使用深色，本站宜特别醒目标注，如图5-13所示。

图5-13　站台上的列车运行线路图

六、公告栏

公告栏设置在出入口、通道、站厅、站台、车厢等适当位置，形式和尺寸根据场地不同采用不同形式设置。

1．实时运营信息

发布的实时运营信息宜包括全线运营信息、车站运营信息、列车运营信息等，如图5-14所示。

图5-14　实时运营信息

2．乘客守则告示

乘客守则告示如图5-15所示。

图5-15　乘客守则告示

3．运营管理办法

为了加强轨道交通运营场所的管理，确保轨道交通运营安全，国家建设部颁布了《城市轨道交通运营管理办法》（中华人民共和国建设部令第140号），自2005年8月1日起施行。其中需要乘客了解和遵守的内容摘录如下：

第十二条　禁止下列危害城市轨道交通正常运营的行为：

（一）在车厢内吸烟、随地吐痰、便溺、吐口香糖、乱扔果皮、纸屑等废弃物；

（二）在车站、站台、站厅、出入口、通道停放车辆、堆放杂物或者擅自摆摊设点堵塞通道的；

（三）擅自进入轨道、隧道等禁止进入的区域；

（四）攀爬、跨越围墙、护栏、护网、门闸；

（五）强行上下列车；

（六）在车厢或者城市轨道交通设施上乱写、乱画、乱张贴；

（七）携带宠物乘车；

（八）危害城市轨道交通运营和乘客安全的其他行为。

第十三条　禁止乘客携带易燃、易爆、有毒和放射性、腐蚀性的危险品乘车。

城市轨道交通运营单位可以对乘客携带的物品进行安全检查，对携带危害公共安全的危险品的乘客，应当责令出站；拒不出站的，移送公安部门依法处理。

第二十三条　禁止下列危害城市轨道交通设施的行为：

（一）非紧急状态下动用应急装置；

（二）损坏车辆、隧道、轨道、路基、车站等设施设备；

（三）损坏和干扰机电设备、电缆、通信信号系统；

（四）污损安全、消防、疏散导向、站牌等标志，防护监视等设备；

（五）危害城市轨道交通设施的其他行为。

第二十七条　遇有自然灾害、恶劣气象条件或者发生突发事件等严重影响城市轨道交通安全的情形，并且无法采取措施保证安全运营时，运营单位可以停止线路运营或者部分路段运营，但是应当提前向社会公告，并报告城市人民政府城市轨道交通主管部门。

第三十条　城市轨道交通运营过程中发生乘客伤亡的，城市轨道交通运营单位应当依法承担相应的损害赔偿责任；能够证明伤亡人员故意或者自身健康原因造成的除外。

第三十五条　违反本办法第十二条、第十三条的规定，影响城市轨道交通安全正常运营的，由城市人民政府城市轨道交通主管部门责令改正，并可处以50元以上500元以下罚款。

第三十九条　个人或者单位违反本办法第二十二条、第二十三条规定，影响城市轨道交通安全的，对个人处以500元以上1 000元以下罚款，对单位处以1 000元以上5 000元以下罚款；造成损失的，依法承担赔偿责任。

各地也相应制定了轨道交通管理办法或条例，用于本地轨道交通的管理和执法。图5-16所示为广州地铁车站公告的《广州市地下铁道管理条例》。

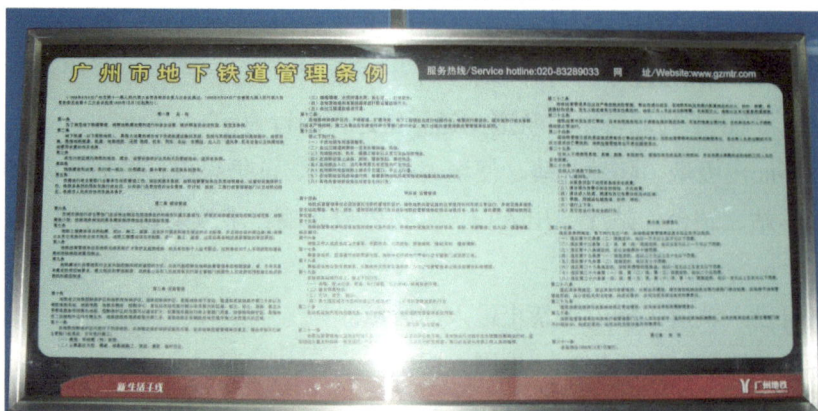

图5-16　《广州市地下铁道管理条例》公告栏

第三节　设置说明

一、运营时间标志

运营时间标志设置在地铁的出入口，宜与车站出入口标志配合设置，如图5-17所示。

车站运营时间有两种，一种是指开关站时间，另一种是指首末班车时间。通常所指某一条线路的运营时间，是指首末班车从两端始发站开出的时间，因此，不同中间站的首末班车时间各不相同。在出入口处设置运营时间标志，便于乘客掌握。

图5-17　运营时间标志与车站出入口标志的配合使用

图5-18所示为运营时间标志在实际场所的其他设置案例。

图5-18　运营时间标志在实际场所的设置案例

二、车站周边信息图和车站出口信息

图5-19所示为车站周边信息图和车站出口信息的配合设置。图5-20所示为车站周边信息图和车站出口信息的组合设置。

图5-19　车站周边信息图和车站出口信息的配合设置

图5-20　车站周边信息图和车站出口信息的组合设置

三、轨道交通网络图

图5-21所示为设置在站台的轨道交通网络图。轨道交通网络图应设置在靠近站台两端处，

避免阻挡乘客通行。

图5-21　设在站台处的轨道交通网络图

四、线网票价图

图5-22所示为设置在站厅售票处附近的线网票价图。

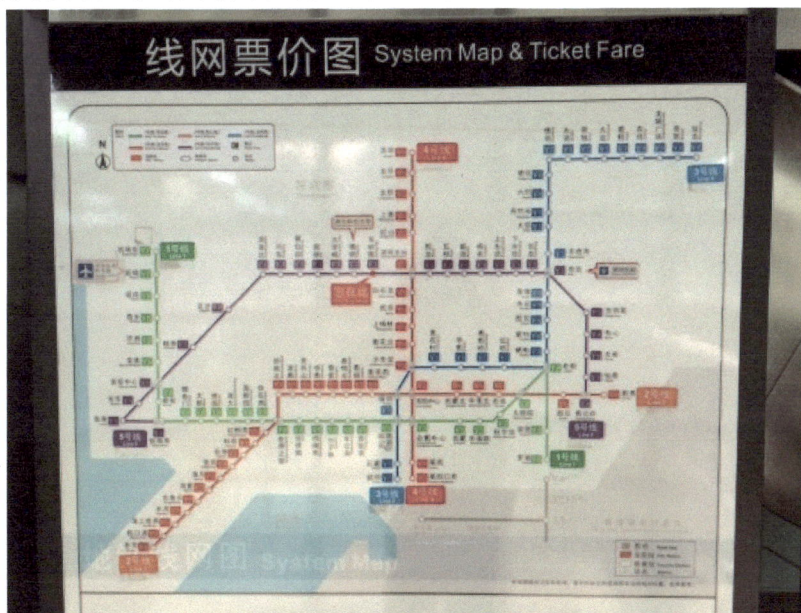

图5-22　线网票价图

五、公告

图5-23所示为设置在车站出入口外面的公告栏。图5-24所示为设置在靠近站厅通道处的服务时间公告栏。

图5-23　出入口外的公告栏

图5-24　靠近站厅通道处的公告栏

第六章
安全标志

6

第一节 种 类

城市轨道交通车站作为人流密集的公共场所，对于安全的要求很高，因此除了设备设施和工作人员的安全要求外，对乘客也提出许多安全方面的要求，包括禁止行为、警告行为等。

一、禁止标志

禁止标志的内容主要是禁止乘客的不安全行为。

1．禁止携带危险品

禁止携带危险品进站上车，包括易燃类物品、易爆类物品、攻击性杀伤性武器等。对此类物品的禁止携带规定，需要在车站内外显著位置明确告示。

2．禁止滋扰他人行为

禁止滋扰他人行为，如乞讨、卖艺、摆摊设点等。

3．禁止危险动作

轨道交通车站内空间窄小、人流密集，任何个人的危险动作都有可能造成对他人的伤害。因此，禁止奔跑、禁止滑滑板、禁止溜冰等，避免冲撞他人引发安全事件。乘车时禁止抢上抢下，避免被屏蔽门或车门夹伤；禁止翻越栏杆等阻拦物、触碰带电设备设施、携带超长超重行李物品，禁止非紧急情况下触发运营设备的紧急停止装置等，置自己与他人于危险境地。

4．其他禁止行为

禁止在车站和列车内饮食，禁止携带宠物进站乘车，禁止进入非公共空间，禁止乱扔垃圾等。

二、警告标志

在轨道交通车站和列车内，警告标志主要用于提醒人们对周围环境引起注意，以避免可能发生的危险。

针对空间环境的警告有："小心台阶""当心滑倒""当心绊倒""小心碰头"等；针对设备设施的警告有："请勿倚靠""当心夹手""当心触电""请勿触碰"等。

三、提示标志

在乘客的行进路线上或使用设备设施时，给出必要的提示，告知乘客注意。

如搭乘扶梯时，提示乘客"照顾儿童""靠右站立""小心夹脚""紧握扶手"等。乘坐列车时，"注意列车与站台间缝隙""先下后上"等。

第二节 设 置 原 则

一、安全类标志使用标准

安全类标志应符合国家标准《安全标志及其使用导则》（GB 2894—2008）。安全类标志一般由图形符号、安全色、文字或边框构成，具体要求见表6-1。

表6-1 安全类标志使用标准

几 何 形 状	含 义	安 全 色	对 比 色	图形符号颜色	使 用 示 例
带有斜杠的圆形	禁止	红色	白色	黑色	禁止吸烟
圆形	指令	蓝色	白色	白色	必须戴安全帽
正三角形	警告	黄色	黑色	黑色	当心触电
正方形、长方形	提示（疏散设施，安全设置）安全消防	绿色	白色	白色	应急集合点

（续）

几 何 形 状	含 义	安 全 色	对 比 色	图形符号颜色	使 用 示 例
正方形、长方形	辅助信息	白色或安全标示颜色	黑色或相应安全标示的对比色	相应安全标志的符号	适合表达由图形符号给出的信息

二、安全类标志尺寸

安全类标志尺寸根据观察者距离标志的适用范围选取，并综合版面承载的信息量及周边环境等因素设定，如图6-1所示。

观察者距离标志的适用范围：应满足以下两点视线偏移相关规定，否则应增大标志尺寸。

（1）标志位置与视线正方向间的偏移角宜在5°以内，最大偏移角不应大于15°。

（2）当抬头、低头及转头时，视线正方在各个方向旋转角度最大可达45°。

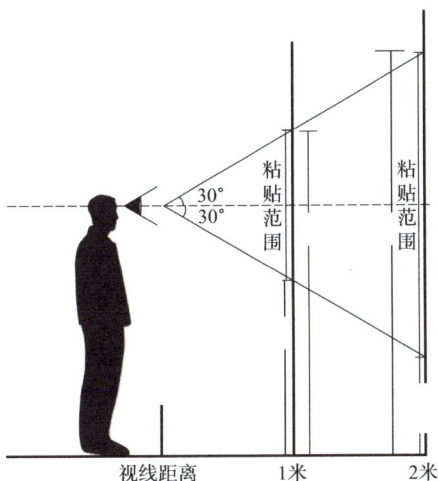

图6-1 正常视线范围示意图

另外需结合安装方式、环境及标志的重要性考虑标志尺寸。标志的尺寸宜设置为150毫米×200毫米。

对于重要的标志，尺寸宜大。悬挂式标志应结合天花高度、站厅大小选择尺寸；贴附式标志应考虑瓷砖的大小设定，标志粘贴边缘应避免超过瓷砖缝隙，以免翘起。贴附式标志可选用PC板或可移背胶，其中PC板使用寿命比可移背胶长，适用于已固化的标志；但PC板相较于可移背胶更厚、更硬，不适用于张贴在经常开关的门上，以免影响安全。

三、安全类标志设置高度

正常情况下，按照视线偏移要求和安装类别的不同，标志的设置高度也不同，具体见表6-2。

表6-2 安装样式与设置高度关系表

观 察 距 离	设 置 方 式	设 置 高 度（米）	适 用 位 置
乘客移动，远距离观察	贴附式	上边缘与落脚点的垂直距离（1.8～2.3米） 2.00m	如出入口通道、墙壁、立柱
	悬挂式	下边缘与地面的垂直距离（最大净空高度）≥2.2米 2.20m	悬挂于天花板
乘客等候，近距离观察	贴附式	上边缘与落脚点的垂直距离1.6～1.7米 洗手间 1.60m	出入口玻璃、垂直电梯、屏蔽门

第三节　设　置　说　明

一、禁止标志

按照国家标准《安全标志及其使用导则》（GB 2894—2008）规定，禁止标志统一使用带有斜杠的圆形形状，颜色为红色，如图6-2所示。其规格尺寸：外径d_1=0.025L，内径d_2=0.800d_1，斜杠宽C=0.080d_1，斜杠与水平线的夹角α=45°，L为视线距离。

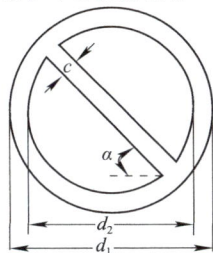

图6-2　禁止标志示意图

（1）禁止吸烟标志如图6-3所示。

图6-3　禁止吸烟标志

作为世界卫生组织《烟草控制框架公约》的缔约方，我国承诺2011年1月9日起在公共场所全面禁烟，因此各地相继出台了严格的控烟规定，公共场所内禁烟规定的执行也有法可依了。

轨道交通运营场所内禁烟除了公众健康原因，更为重要的是火灾的防控需要。因此，除了广而告之禁烟规定，还需要在出入口垃圾桶处设置烟灰缸，防备乘客熄灭烟头后丢弃到垃圾桶内，引燃垃圾桶内杂物。

禁止吸烟标志张贴位置：在车站公共区，出入口、通道、站台区域，靠近垃圾桶附近或其他候车处设置，如图6-4所示。

图6-4　贴附式禁止吸烟标志

（2）禁止饮食标志如图6-5所示。

图6-5　禁止饮食标志

轨道交通车站和列车内禁止饮食，一是异味难消，二是存在卫生问题，易滋生蚊蝇、招致鼠患等，一旦哪个系统的电缆或数据线被老鼠咬断，就会引发运营事故，危害很大。因此禁止饮食，除了在车站和列车上广而告之，主要还是靠乘客自觉遵守。

标志张贴位置：在公共区出入口、通道、入闸口、垃圾桶附近及其他候车处设置，如图6-6所示。

图6-6　贴在通道处的禁止饮食标志

（3）请勿乱扔垃圾标志如图6-7所示。

图6-7　请勿乱扔垃圾标志

张贴位置：在公共区出入口、通道、入闸口、垃圾桶附近及其他候车处设置。

（4）请勿携带宠物标志如图6-8所示。

图6-8　请勿携带宠物标志

张贴位置：在公共区出入口、通道、入闸口设置。

（5）禁止乞讨标志如图6-9所示。

图6-9　禁止乞讨标志

张贴位置：在公共区出入口、通道旁、售票处附近设置。

（6）禁止摆卖标志如图6-10所示。

图6-10　禁止摆卖标志

张贴位置：在车站公共区出入口、通道旁的墙壁或立柱醒目位置设置。

（7）禁止翻越标志如图6-11所示。

图6-11　禁止翻越标志

张贴位置：在自动扶梯、楼梯及其他易翻越的栏杆、扶手位置设置，上边缘沿栏杆边缘设置。对于连续多处存在易翻越点，每组栏杆设置一张，如图6-12所示。

图6-12　贴在栏杆玻璃上的禁止翻越标志

（8）禁止跳下标志如图6-13所示。

图6-13 禁止跳下标志

在没有屏蔽门的车站站台，有些乘客因为一些原因跳下轨道，导致人员伤亡事件的发生。也有一些年轻乘客和未成年人为了玩耍，在楼梯、扶梯处从高处跳下引发意外事故。

禁止跳下标志张贴位置：在楼梯、扶梯末端，站台轨道边及其他乘客跳下频率比较高的位置设置，贴在周边醒目的墙壁或立柱上。

（9）请勿倚靠标志如图6-14所示。

图6-14 请勿倚靠标志

张贴位置：设置于屏蔽门、车门、垂直电梯门上（可为门框，门对开处以及门中部），上边缘距离地面约1.6～1.7米。

（10）请勿抢上抢下标志如图6-15所示。

图6-15 请勿抢上抢下标志

张贴位置：设置于屏蔽门、车门、垂直电梯上（可为门框，门对开处），如图6-16所示。

图6-16 贴在屏蔽门上的请勿抢上抢下标志

（11）禁止携带易燃易爆等危险品进站标志如图6-17所示。

图6-17 禁止携带易燃易爆等危险品进站标志

张贴位置：张贴在出入口、通道等醒目的墙壁、立柱及玻璃等地方。

（12）禁止入内标志如图6-18所示。

图6-18 禁止入内标志

张贴位置：张贴在车站工作区域的大门，以及面向公共区的设备房门，以及通向隧道的屏蔽门或安全门上。

（13）请勿坐卧停留标志如图6-19所示。

图6-19 请勿坐卧停留标志

张贴位置：张贴在出入口、通道等醒目的墙壁、立柱及玻璃等地方。

（14）禁止触摸标志如图6-20所示。

图6-20　禁止触摸标志

张贴位置：张贴在不能碰触的运营设备设施旁边，如图6-21所示。

图6-21　禁止触摸标志现场使用案例

（15）禁止攀登标志如图6-22所示。

图6-22　禁止攀登标志

张贴位置：张贴在工作用途的禁止乘客攀登的运营设备设施旁边。

（16）禁止入洞标志如图6-23所示。

图6-23　禁止入洞标志

张贴位置：张贴在没有屏蔽门和安全门的车站站台区间通往隧道的墙壁上，禁止乘客由此入洞，避免伤亡事故发生。

以上禁止标志在设置时，宜按照进站流线，设于标志内容约束行为的相应地点及附近，并结合节点设置，在其他有必要重复设置的地方设置。根据具体需要，可以集中组合设置，如在出入口、通道等位置，如图6-24所示。

图6-24　出入口、通道处集中设置的禁止标志

二、警示标志

按照国家标准《安全标志及其使用导则》（GB 2894—2008）规定，警示标志统一使用正三角形，颜色为黄色，如图6-25所示。其规格尺寸：外边a_1=0.034L，内边a_2=0.700a_1，边框外角圆弧半径r=0.080a_2，L为视线距离。

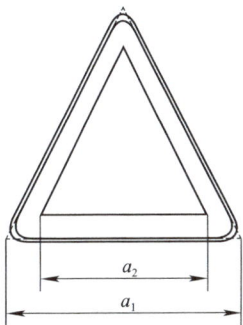

图6-25　警示标志示意图

（1）小心夹手标志如图6-26所示。

图6-26　小心夹手标志

张贴位置：设置于屏蔽门、车门、垂直电梯等容易夹到手的地方（可为门框、门对开处）。

（2）小心碰头标志如图6-27所示。

图6-27　小心碰头标志

张贴位置：设于楼梯、扶梯夹角，扶梯上方矮墙等易产生碰头危险的地方，标志下边缘沿碰撞点张贴。

（3）当心触电标志如图6-28所示。

图6-28　当心触电标志

张贴位置：配电柜、裸露开关及其他带电开关处周边或其载体设备，如图6-29所示。

图6-29　通道裸露开关处的当心触电标志

（4）小心站台间隙标志如图6-30所示。

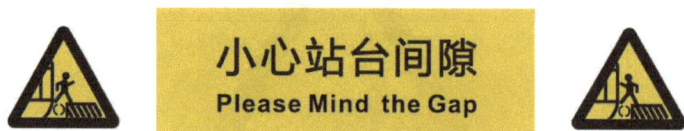

图6-30　小心站台间隙标志

尺寸：尺寸根据文字排版和滑动门宽度调整，可为滑动门宽。

张贴位置：设于屏蔽门或安全门滑动门上。

材质：可移动背胶（滑动门经常要开关，不适合选用厚材质），如图6-31所示。

图6-31　安全门上的"小心站台空隙"标志

轨道交通列车在行驶过程中会产生左右晃动，站台边缘与列车之间必须留出一定空隙。根据国家标准，直线站台允许的空隙在10厘米以下，曲线站台允许的空隙在18厘米以下。为尽量减少空隙，通常会在站台内侧安装防踏板或橡胶条，有些城市还在踏板边缘加装醒目光带，如图6-32所示。车站、列车也会通过广播、站台标志等进行提醒。

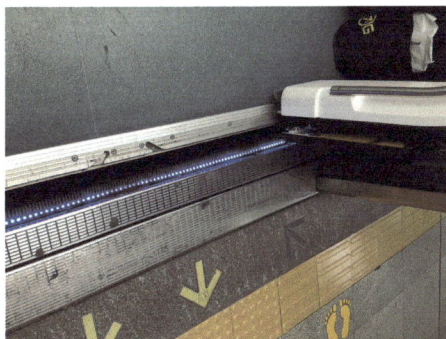

图6-32　站台空隙的防护措施

但还是有些大意的乘客会不留神将腿脚卡在缝隙内，需要专业人员施救，导致轨道交通线路因此中断运营。图6-33所示是发生的两起乘客卡腿事件。

图6-33　乘客在站台缝隙卡腿

（5）小心台阶标志如图6-34所示。

图6-34　小心台阶标志

尺寸：根据张贴位置（墙壁、隔离栏杆、台阶）设计。如为墙壁或玻璃栏杆，可选择150毫米×200毫米；若为台阶，可选择横向排版。

材质：地贴、防滑条或可移背胶。

张贴位置：设于墙壁、隔离栏杆、台阶上，如图6-35所示。

图6-35　隔离栏杆、台阶处的小心台阶标志

乘客在车站里接触到较多的设施就是台阶，相应地也是易发生客伤的关键点。因此，除了设置安全标志，在设计时就要予以重视。如图6-36所示，左图由于上下台阶间无明显色差，极易因踏错而摔倒。而右图则在台阶边缘用醒目色块装饰，区分上下级台阶，起到了提醒乘客注意的作用。

图6-36　台阶处的人性化设计

（6）当心滑倒、当心绊倒标志如图6-37所示。

图6-37 当心滑倒、当心绊倒标志

张贴位置：设于水渍处、地面隆起处、湿滑处等易产生滑倒、绊倒的地方，张贴于该地方附近的墙壁或立柱上，如图6-38所示。

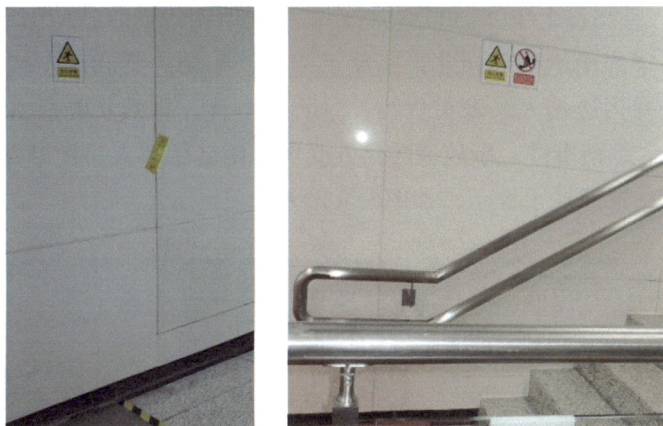

图6-38 通道、楼梯处的当心滑倒、当心绊倒标志

三、提示标志

提示标志是向人们提供某种信息（如标明安全设施或场所等）的标志。

据某轨道交通换乘车站不完全统计，乘客发生意外伤害的主要原因有以下几种：站台与列车空隙意外、闸机意外、垂直电梯意外、车门意外、自动扶梯意外、其他意外。而在所有意外中自动扶梯意外高居榜首，几乎占到总数的九成。

仔细分析自动扶梯意外发生的原因，又有以下几类：携带大件行李及婴儿车、老人带小孩、老人独自乘坐、被其他乘客撞到或压倒、小孩在自动扶梯上嬉闹摔倒、未站稳扶好等，其中携带大件行李导致的意外占意外事件总数的五成。

如何有效防止乘客在车站内的意外伤害，除了宣传教育，做好提示标志也可以起到一定的预防效果。

（一）乘坐自动扶梯的提示标志

（1）携带大件行李、推婴儿车及行动不便者请使用垂直电梯提示，如图6-39所示。

图6-39 携带大件行李、推婴儿车及行动不便者提示

案例：2010年5月25日上午9时30分左右，在深圳地铁华强路站A出口处，有两个男子利用小推车把货物从华强南运到华强北，违反了"地铁车站严禁利用电扶梯运送货物"的规定。他们利用电扶梯运送超大、笨重货物，且看护不善，导致货物散落，小推车后面的市民在躲闪避让时发生踩踏事件，事故造成15人受伤，两名肇事人员被警方控制。

（2）扶好站稳、紧握扶手提示，如图6-40所示。

图6-40 扶好站稳提示

（3）请勿嬉戏打闹、照顾好老人小孩等提示，如图6-41所示。

图6-41 请勿嬉戏打闹、照顾好老人小孩等的提示

（4）非紧急情况下请勿按压紧急停止按钮的提示。如图6-42所示。告知乘客非紧急情况下请勿按压紧急停止按钮，避免因突然的紧急停止，乘客滚落受伤。

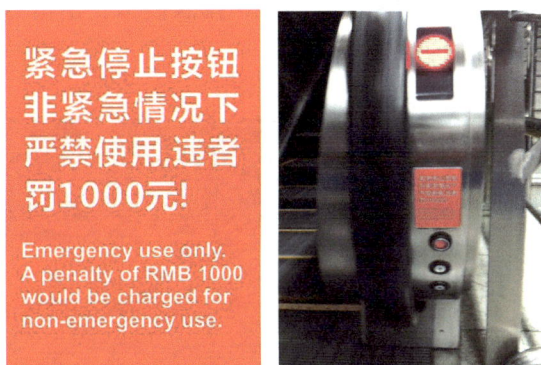

图6-42 非紧急情况下请勿按压紧急停止按钮的提示

（二）站台候车提示

（1）请勿冲门、请勿抢上抢下提示，如图6-43所示。

图6-43 请勿冲门、请勿抢上抢下提示

（2）请站在黄线外候车提示，如图6-44所示。

图6-44 请站在黄线外候车提示

（3）请往两侧人少处候车、携带大件行李乘客请前往两端车厢乘车提示，设置在客流较多的滑动门旁固定门上横向中部，或者该处站台地面上，如图6-45所示。

图6-45 请往两侧人少处候车、携带大件行李乘客请前往两端车厢乘车提示

（4）文明乘车提示，如提示乘客文明乘车，排队候车、不抢上抢下等提示标志，如图6-46所示。

图6-46　文明乘车提示

（三）闸机安全提示

采用门式闸机检票，刷一次票闸机门开关一次，只允许一个人通过。如果后面乘客跟随太近，就可能导致闸机门无法打开。带领未成年儿童一起进出闸机时，因通行速度慢，也有可能导致儿童被闸机门夹到。因此，在闸机处，需要提醒乘客：一是站在黄线外检票，二是注意看护同行的儿童，如图6-47所示。

图6-47　闸机安全提示

第七章
消防安全标志

7

第一节　种　类

轨道交通车站作为人流密集的公共场所，其消防安全标志的设置应符合国家标准《地铁设计规范》（GB 50157—2013）、国家标准《消防安全标志　第1部分：标志》（GB 13495.1—2015）、国家标准《消防安全标志设置要求》（GB 15630—1995）、国家标准《安全标志及其使用导则》（GB 2894—2008）的要求。

消防安全标志由几何形状、安全色、边框、表示特定消防安全的图形符号构成，用以表达与消防有关的安全信息。

消防安全标志根据其功能分为以下6类：

（1）火灾报警装置标志；

（2）紧急疏散逃生标志；

（3）灭火设备标志；

（4）禁止和警告标志；

（5）方向辅助标志；

（6）文字辅助标志。

一、火灾报警装置标志

1. 消防按钮标志

消防按钮，英文：FIRE CALL POINT，其标志如图7-1所示，由红色和白色构成，标示火灾报警按钮和消防设备启动按钮的位置。

图7-1　消防按钮标志

2．发声警报器标志

发声警报器，英文：FIRE ALARM，其标志如图7-2所示，由红色和白色构成，标示发声警报器的位置。

图7-2　发声警报器标志

3．火警电话标志

火警电话，英文：FIRE ALARM TELEPHONE，其标志如图7-3所示，由红色和白色构成。标示火警电话的位置和号码。

图7-3　火警电话标志

4．消防电话标志

消防电话，英文:FIRE TELEPHONE，其标志如图7-4所示，由红色和白色构成，标示火灾报警系统中消防电话及插孔的位置。

图7-4　消防电话标志

二、紧急疏散逃生标志

1．安全出口标志

安全出口，英文：EXIT，其标志如图7-5所示，由绿色和白色组成，提示通往安全场所的疏散出口。

图7-5　安全出口标志

2. 滑动开门标志

滑动开门，英文：SLIDE，其标志如图7-6所示，由绿色和白色组成，指示滑动门的位置及方向。

图7-6　滑动开门标志

3. 推开标志

推开，英文：PUSH，其标志如图7-7所示，由绿色和白色组成。该标志置于门上，指示门的推开方向。

图7-7　推开标志　　　　图7-8　拉开标志

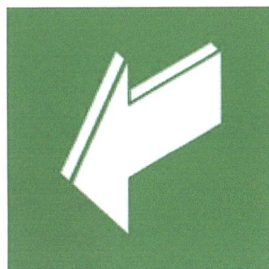

4. 拉开标志

拉开，英文：PULL，其标志如图7-8所示，由绿色和白色组成，该标志置于门上，指示门的拉开方向。

5. 击碎板面标志

击碎板面，英文：BREAK TO OBTAIN ACCESS，其标志如图7-9所示，由绿色和白色组成，提示需击碎板面才能取到钥匙、工具，操作应急设备或开启紧急逃生出口。

图7-9　击碎板面标志

6. 逃生梯标志

逃生梯，英文：ESCAPE LADDER，其标志如图7-10所示，提示固定安装的逃生梯的位置。

图7-10　逃生梯标志

三、灭火设备标志

1. 灭火设备标志

灭火设备，英文：FIRE FIGHTING EQUIPMENT，其标志如图7-11所示，由红色和白色组成，标示灭火设备集中存放的位置。

图7-11　灭火设备标志

2．手提式灭火器标志

手提式灭火器，英文：PORTABLE FIRE EXTINGUISHER，其标志如图7-12所示，由红色和白色组成，标示手提式灭火器的位置。

图7-12 手提式灭火器标志

3．推车式灭火器标志

推车式灭火器，英文：WHEELED FIRE EXTINGUISHER，其标志如图7-13所示，由红色和白色组成，标示推车式灭火器的位置。

图7-13 推车式灭火器标志

4．消防炮标志

消防炮，英文：FIRE MONITOR，其标志如图7-14所示，由红色和白色组成，标示消防炮的位置。

图7-14 消防炮标志

5．消防软管卷盘标志

消防软管卷盘，英文：FIRE HOSE REEL，其标志如图7-15所示，由红色和白色组成，标示消防软管卷盘、消火栓箱、消防水带的位置。

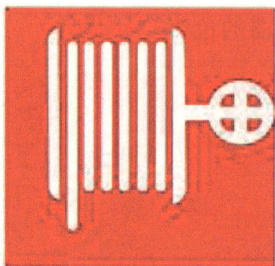

图7-15　消防软管卷盘标志

6．地下消火栓标志

地下消火栓，英文：UNDERGROUND FIRE HYDRANT，其标志如图7-16所示，由红色和白色组成，标示地下消火栓的位置。

图7-16　地下消火栓标志

7．地上消火栓标志

地上消火栓，英文：OVERGROUND FIRE HYDRANT，其标志如图7-17所示，由红色和白色组成，标示地上消火栓的位置。

图7-17　地上消火栓标志

8．消防水泵接合器标志

消防水泵接合器，英文：SIAMESE CONNECTION，其标志如图7-18所示，由红色和白色组成，标示消防水泵接合器的位置。

图7-18 消防水泵接合器标志

四、禁止和警告标志

1. 禁止吸烟标志

禁止吸烟，英文：NO SMOKING，其标志如图7-19所示，由红色、白色和黑色组成，表示禁止吸烟。

图7-19 禁止吸烟标志

2. 禁止烟火标志

禁止烟火，英文：NO BURNING，其标志如图7-20所示，由红色、白色和黑色组成，表示禁止吸烟或各种形式的明火。

图7-20 禁止烟火标志

3. 禁止放易燃物标志

禁止放易燃物，英文：NO FLAMMABLE MATERIALS，其标志如图7-21所示，由红色、白色和黑色组成，表示禁止存放易燃物。

图7-21　禁止放易燃物标志

4. 禁止燃放鞭炮标志

禁止燃放鞭炮，英文：NO FIREWORKS，其标志如图7-22所示，由红色、白色和黑色组成，表示禁止燃放鞭炮或焰火。

图7-22　禁止燃放鞭炮标志

5. 禁止用水灭火标志

禁止用水灭火，英文：DO NOT EXTINGUISH WITH WATER，其标志如图7-23所示，由红色、白色和黑色组成，表示禁止用水作灭火剂或用水灭火。

图7-23　禁止用水灭火标志

6. 禁止阻塞标志

禁止阻塞，英文：DO NOT OBSTRUCT，其标志如图7-24所示，由红色、黑色和白色组成，表示禁止阻塞的指定区域（如疏散通道）。

图7-24 禁止阻塞标志

7. 禁止锁闭标志

禁止锁闭，英文：DO NOT LOCK，其标志如图7-25所示，由红色、黑色和白色组成，表示禁止锁闭的指定位置（如疏散通道和安全出口的门）。

图7-25 禁止锁闭标志

8. 当心易燃物标志

当心易燃物，英文：WARNING: FLAMMABLE MATERIAL，其标志如图7-26所示，由黄色和黑色组成，警告来自易燃物质的危险。

图7-26 当心易燃物标志

9. 当心氧化物标志

当心氧化物，英文：WARNING: OXIDIZING SUBSTANCE，其标志如图7-27所示，由黄色和黑色组成，警示来自氧化物的危险。

图7-27　当心氧化物标志

10．当心爆炸物标志

当心爆炸物，英文：WARNING: EXPLOSIVE MATERIAL，其标志如图7-28所示，由黄色和黑色组成，警示来自爆炸物的危险，警示在爆炸物附近或处置爆炸物时应当心。

图7-28　当心爆炸物标志

五、方向辅助标志

1．疏散方向标志

疏散方向，英文：DIRECTION OF ESCAPE，其标志如图7-29所示，指示安全出口的方向，由绿色和白色组成。

图7-29　疏散方向标志

2．火灾报警装置或灭火设备的方位标志

火灾报警装置或灭火设备的方位，英文：DIRECTION OF FIRE ALARM DEVICE OR

FIREFIGHTING EQUIPMENT，其标志如图7-30所示，指示火灾报警装置或灭火设备的方位。由红色和白色组成。

图7-30 火灾报警装置或灭火设备的方位标志

第二节 设 置 原 则

一、总要求

（1）消防安全标志应设在与消防安全有关的醒目的位置，标志的正面或其邻近不得有妨碍公共视读的障碍物，并使人们看到后有足够的时间注意它所表示的意义。

（2）消防安全标志不应设置在本身移动后可能遮盖标志的物体上。同样也不应设置在容易被移动的物体遮盖的地方。

（3）设置消防安全标志时，应避免出现标志内容相互矛盾、重复的现象，尽量用最少的标志把必需的信息表达清楚。

（4）在所有有关照明下，标志的颜色应保持不变。

（5）疏散标志牌应用不燃材料制作，否则应在其外面加设玻璃或其他不燃透明材料制成的保护罩。其他用途的标志牌其制作材料的燃烧性能应符合使用场所的防火要求。

（6）难以确定消防安全标志的设置位置时，应征求地方消防监督机构的意见。

二、疏散指示标志的设置原则

根据国家标准《地铁设计规范》（GB 50157—2013）要求，下列部位应设置疏散指示标志：

（1）车站站厅、站台、自动扶梯、自动人行步道及楼梯口；

（2）车站附属用房内走道等疏散通道及安全出口；

（3）区间隧道；

（4）车辆基地内的单体建筑物及控制中心大楼的疏散楼梯间、疏散通道及安全出口。

三、疏散指示标志的设置要求

（1）疏散通道拐弯处、交叉口、沿通道长向每隔不大于10米处应设置灯光疏散指示标志，指定标志距地面高度应小于1米，如图7-31所示。

图7-31　通道处的疏散指示标志

（2）疏散门、安全出口应设置灯光疏散指示标志，并设置在门洞正上方，如图7-32所示。

图7-32　门洞正上方的安全出口标志

（3）车站公共区的站台、站厅乘客疏散路线和疏散通道等人员密集部位的地面上，以及疏散楼梯台阶侧立面应设蓄光疏散指示标志，并保持视觉连续，如图7-33所示。

126

图7-33　站厅地面墙面、楼梯台阶处的疏散标志

（4）在室内及其出入口处，消防安全标志应设置在明亮的地方。当发生火灾，正常照明电源中断的情况下，应在5秒内自动切换成应急照明电源，由应急照明灯具照明，其连续供电时间应满足不小于30分钟的要求。

四、其他

（1）车站的安全出口、疏散通道处必须相应地设置"安全出口"标志。在远离紧急出口的地方，应将"安全出口"标志与"疏散通道方向"标志联合设置，箭头必须指向通往安全出口的方向。

（2）安全出口或疏散通道中的单向门必须在门上设置"推开"标志，在其反面应设置"拉开"标志。

（3）安全出口或疏散通道中的门上应设置"禁止锁闭"标志。

（4）疏散通道或消防车道的醒目处应设置"禁止阻塞"标志。

（5）滑动门上应设置"滑动开门"标志，标志中的箭头方向必须与门的开启方向一致。

（6）需要击碎玻璃板才能拿到钥匙或开门工具的地方或疏散中需要打开板面才能制造一个出口的地方必须设置"击碎板面"标志。

（7）车站隐蔽式消防设备存放地点应相应地设置"灭火设备""灭火器"和"消防软管卷盘"等标志。室外逃生梯和自行保管的逃生梯存放点应设置"逃生梯"标志。远离消防设备存放地点的地方应将灭火设备标志与方向辅助标志联合设置。

（8）手动火灾报警按钮和固定灭火系统的手动启动器等装置附近必须设置"消防按钮"标志。在远离装置的地方，应与方向辅助标志联合设置。

（9）设有火灾报警器的地方应相应地设置"发声警报器"标志。

（10）设有火灾报警电话的地方应设置"火警电话"标志。对于设有公用电话的地方（如电话亭），也可设置"火警电话"标志。

（11）设有地下消火栓、消防水泵接合器和不易被看到的地上消火栓等消防器具的地方，应设置"地下消火栓""地上消火栓"和"消防水泵接合器"等标志。

（12）用水灭火会对周围环境产生危险的地方应设置"禁止用水灭火"标志。

（13）在车站公共区域，应设置"禁止吸烟"等标志。

五、车站指定紧急出入口

车站在设计时至少保留一个独立的出入口作为车站指定紧急出入口，在车站发生突发事件时，供抢修人员和抢险设备、物资进出。原则上，该出入口要满足以下几个条件：

（1）靠近车站控制室；

（2）出入口通道宽度不小于2.5米，便于物资运输；

（3）出入口外便于救援车辆停靠。

车站紧急集合点设置在该出入口地面处，遇到突发事件车站疏散时，用于工作人员集中清点。紧急集合点设置相应标志，如图7-34所示。

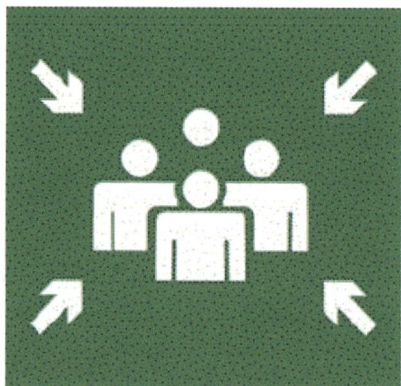

图7-34　紧急集合点标志

第三节　设 置 说 明

一、设置方式

1. 附着式

消防安全标志牌可以采用钉挂、粘贴、镶嵌等方式直接附着在建筑物等设施上。

2. 悬挂式

用吊杆、拉链等将标志牌悬挂在相应位置上。

3. 柱式

把标志牌固定在标志杆上，竖立于其指示物附近。

4. 标志间隙

（1）两个或更多的正方形消防安全标志一起设置时，各标志之间至少应留有标志公称尺寸0.2倍的间隙，如图7-35所示。

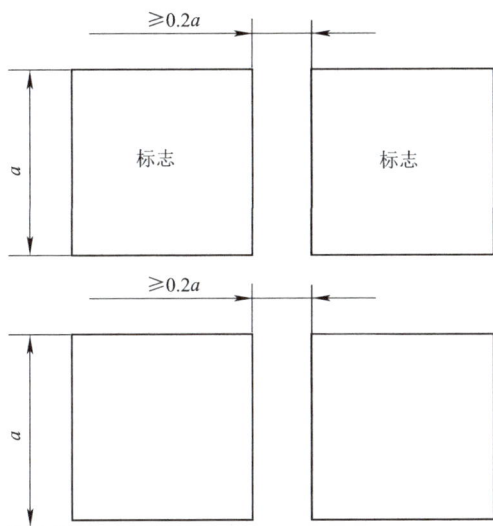

图7-35　两个正方形消防安全标志间距

（2）两个相反方向的正方形标志并列设置时，为避免混淆，在两个标志之间至少应留有一个标志的间隙，如图7-36所示。

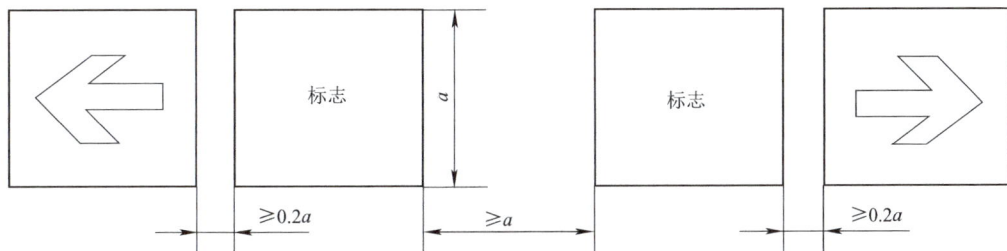

图7-36　两个相反方向的正方形消防安全标志间距

（3）当疏散标志与灭火设备标志并列设置并且二者方向相同时，应将灭火设备标志放在上面，疏散标志放在下面。两个标志之间的间隙不应小于标志公称尺寸的0.2倍，如图7-37所示。

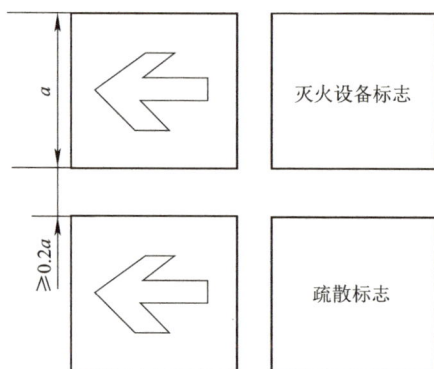

图7-37　疏散标志与灭火设备标志间距

（4）按照警告标志（三角形）、禁止标志（圆环加斜线）、提示标志（正方形）的顺序先上后下，先左后右地排列，如图7-38所示。

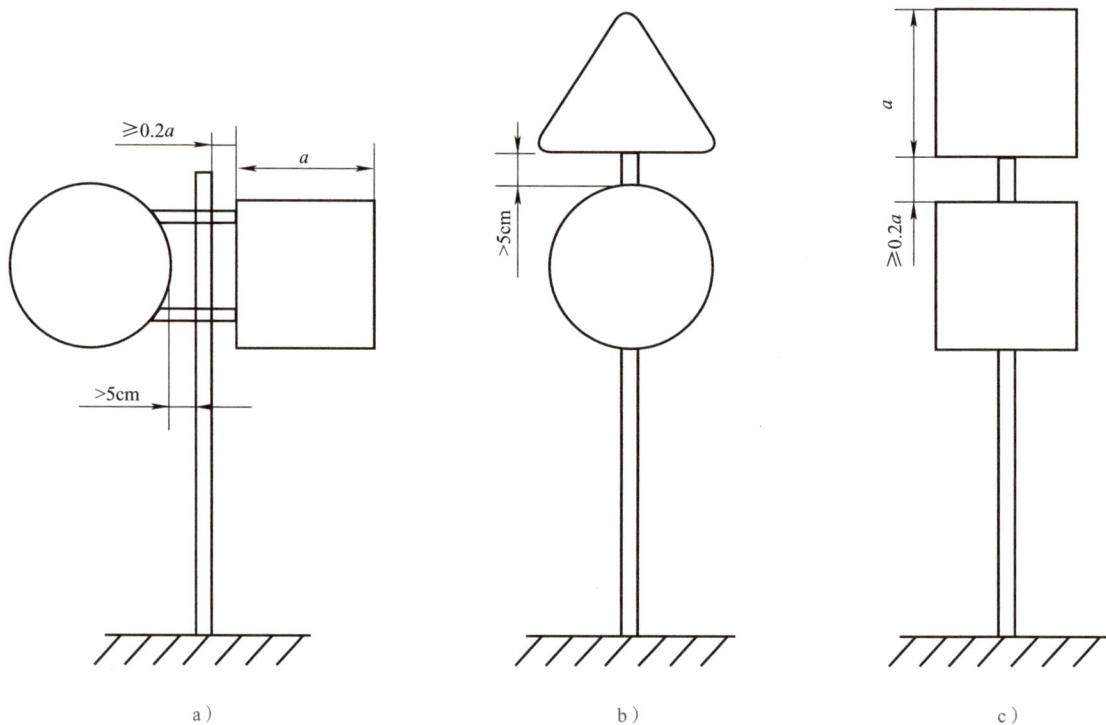

a）　　　　　　　　　　　b）　　　　　　　　　　　c）

图7-38　警告标志、禁止标志、提示标志的排列顺序

正方形和其他形状的标志牌共同设置时，正方形标志牌与标志杆之间的间隙不应小于标志公称尺寸的0.2倍，其他形状的标志牌与标志杆之间的间隙应不小于5厘米，如图7-38a所示。

两个或多个三角形（圆形）标志牌或三角形、圆形、正方形标志牌共同设置在同一标志杆时，各标志牌之间的间隙不应小于5厘米，如图7-38b所示。

两个正方形的标志牌设置在一个标志杆上时，两者之间的间隙不应小于标志公称尺寸的0.2倍，如图7-38c所示。

二、固定方法

附着设置的消防安全标志牌如用钉子固定，一般情况下圆形和三角形标志牌至少固定三点，正方形和长方形标志牌至少固定四点。固定点宜选在边缘衬底色部位。用胶粘贴的标志牌应将其背面涂满胶，或将其边缘、中心点涂上胶固定。

悬挂设置的消防安全标志牌至少用两根悬挂杆（线），悬挂后不得倾斜。较轻的标志牌应配备较牢固的支架再悬挂。

柱式设置的消防安全标志牌应用螺栓、管箍等牢固地固定在标志杆上。

三、维护维修

设置的消防安全标志牌及其照明灯具等应至少半年检查一次，出现下列情况之一应及时修整、更换或重新设置：

（1）破坏或丢失；

（2）标志的色度坐标及亮度因数超出其适用范围；

（3）逆向反射标志的逆向反射系数小于最小反射系数的50%。

第八章
其他标志

8

第一节 种 类

城市轨道交通车站在日常运作中，除了前面几个章节中讲到的几类标志，还需要设置一些个性化标志，以满足不同车站的不同需求。此类个性化标志有客流疏导标志、换乘导向标志、应急标志、票务服务标志以及温馨提示等。

对乘客在车站内的相应行为予以引导时，采用温馨提示。

在车站客流拥挤时，使用客流疏导标志配合车站客流组织措施，引导乘客进出站或提醒注意事项。客流疏导标志主要包括出口、通道、站厅、站台客流引导标志。

在换乘站内，向乘客指引线别、方向或站点时，使用换乘导向标志等。

在突发情况下，应急标志用于提示或引导乘客。

第二节 设 置 原 则

车站个性化标志虽然种类多、内容杂、作用各异，但在设计、设置时必须遵循规范性、系统性、醒目性、清晰性、协调性以及安全性等原则，做到美观、安全、实用。

一、版面设计

1. 总要求

（1）设计时，应保证同一个导向系统信息具有连续性、内容一致性。

（2）应符合国家标准《公共信息导向系统 导向要素的设计原则与要求 第1部分：总则》（GB/T 20501.1—2013）的要求。

（3）图形符号和文字相对于其背景应有足够的对比度。

（4）标志版面包括版面信息和尺寸两部分，版面信息由图形符号、文字信息及版面底色组成。尺寸包括整体尺寸和各部分尺寸及间距。

2. 图形符号

（1）符号。

优先选用国家标准《公共信息图形符号　第1部分：通用符号》（GB/T 10001.1—2012）中的图形符号，在形成标志时，应按照国家标准《公共信息图形符号　第1部分：通用符号》（GB/T 10001.1—2012）中图形符号的尺寸等比例放大或缩小。

若无适合的标准图形符号，则应按照国家标准《标志用图形符号表示规则　第1部分：公共信息图形符号的设计原则》（GB/T 16903.1—2008）规定涉及所需的图形符号；由非标准图形符号所形成的图形标志宜带有文字辅助标注。

（2）颜色。

标志颜色包括边框颜色、图形符号颜色和符号衬底色。要确保图形符号颜色和符号衬底色之间有足够的对比度；没有禁止、停止、消防含义的标志，不要采用红色；没有警告含义的不要采用黄色；如图形标志使用边框，则边框颜色宜与图形符号颜色相同。

若图形符号中某个符号要素的颜色是除黑、白之外的其他颜色，则在设计时，不应更改该符号要素的颜色，其他符号要素的颜色可更改，但只允许做黑白之前的反相处理，如图8-1所示。

图8-1　图形符号颜色的反相处理

（3）形状。

一般为圆形、正方形、正三角形、长方形等。

（4）图形组合。

起补充说明作用的图形应位于主图形标志的右侧，若两个图形符号在外观上相近或组合后会有歧义，则可添加竖线进行分隔，分隔作用的竖线长度应与图形高度一致。

3. 文字

文字表述应简洁，含义应明确，确保文字颜色和符号衬底色之间有足够的对比度。

图形与文字组合时，图形为主体，文字为补充说明，颜色相协调；文字宜横向排列，宜位于图形左、右侧，不应位于图形下方。

在视觉上，文字在标志中应充实，均匀分布且位置居中，如图8-2所示。

紧急停车按钮
Emergency Stop Button

图8-2 文字均匀分布且位置居中的标志

文字的字间距应小于该种文字与标志左、右边缘的间距；文字为两行或多行时，间距应小于文字与标志上下边缘的间距。

4. 尺寸

（1）按照使用者的正常视线范围（上约30°，下约30°）考虑尺寸，并综合考虑版面承载的信息量及周边环境等因素设定。

（2）结合安装方式、环境及标志的重要性考虑标志尺寸。对于重要的标志，尺寸宜大。悬挂式标志应结合天花高度、站厅大小选择尺寸；贴附式标志应考虑瓷砖的大小设定，标志边缘应避免超过瓷砖缝隙张贴，以免翘起。

二、设置方式

根据车站现场环境，标志设置方式主要分为悬挂式、落地式、贴附式（包括墙面、地面）。对于特殊人群（如盲人、残疾人），还需根据其通用规定、使用习惯和特殊性选择其他设置方式，如盲道引导、触摸标志等。

标志材质与安装方式见表8-1。

表8-1 标志材质与安装方式选择表

安装方式	安装环境	标志材质	符合技术要求
柱立式	有光源	灯箱片	应符合防火难燃、无毒等安全要求，清晰，灯光均匀，户外一年不褪色
	无光源	黑底可移动背胶，线网图等乘客经常触摸的标志应采用表面耐磨的可移背胶	应符合防火难燃、无毒等安全要求，画面清晰，安装平整，无气泡
		PP胶或PVC胶片（正面带胶）	画面清晰，安装平整，胶黏性强，无褶皱
贴附式	光滑墙面	标志下方有空隙时，采用3毫米PVC硬板	应符合防火、难燃、无毒等安全要求，背胶黏性强，不翘边
		标志下方无空隙时，采用白底可移背胶	应符合防火难燃、无毒等安全要求，画面清晰，安装平整，无气泡
		线网图等乘客经常触摸的标志，采用地贴或表面耐磨的可移背胶	应符合防火难燃、无毒等安全要求，画面清晰，安装平整，无气泡，表面耐磨
		光线条件不足时，可用工程反光膜	应符合防火难燃、无毒等安全要求，在光线暗的地方具有反光效果
	光滑地面	地贴	画面清晰，安装平整，胶黏性强，无褶皱。表面耐磨、耐脏
	粗糙面	喷漆	打模喷漆，宜采用道路漆，且具有防刮、不收缩、不开裂、抗污性强等特点

（续）

安装方式	安装环境	标志材质	符合技术要求
嵌入式	有光源	灯箱片	应符合防火难燃、无毒等安全要求，清晰，灯光均匀，户外一年不褪色
	无光源	PP胶或PVC胶片（正面带胶）	画面清晰，安装平整，胶黏性应强，无褶皱
悬挂式		5毫米及以上的PVC板	应符合防火难燃、无毒等安全要求，不变形，配不锈铁链

第三节　设置说明

一、设置总要求

（1）应保证一个系统内位置的规律性、连贯性：在所有节点（如出入口、分岔口、汇合点、方向改变点）设置；当路线很长时，即使无节点，也应以适当的间隔（约30米左右）重复设置。

（2）设于易发现的地方，并避免被其他周边物体遮挡；与广告保持视觉上的距离，以免混淆。

（3）标志应合理设置，统筹考虑，避免零散影响车站美观。

（4）标志设置后，应稳定、牢固，不应有安全隐患。

（5）为确保标志正、平，应尽量以砖缝隙或其他为参照物。

（6）在同一视线上，标志应控制一定距离、交叉，避免标志相互遮挡。

二、关键点标志

（一）自动扶梯处的标志

自动扶梯是车站较常用的客运设施，但也是客伤频发的关键控制点，相应的温馨提示、安全警示等都必不可少。

（1）当心夹角。设置在安全隐患点附近（如小心夹角），如图8-3所示。

图8-3　当心夹角标志

（2）小心夹脚。设置在自动扶梯入口、出口前端约1～3米的墙壁、立柱、玻璃或者广告牌，如图8-4所示。

图8-4 小心夹脚标志

（3）携带行李、婴儿推车、使用轮椅等行动不便者的行动指引。

在自动扶梯入口约5米的墙壁、立柱或玻璃上设置"携带行李、婴儿车、使用轮椅等行动不便者，请使用垂直电梯"的标志，以及前往垂直电梯的指引，如图8-5所示。

图8-5 "携带行李、婴儿推车、使用轮椅等行动不便者，请使用垂直电梯"的标志

（二）垂直电梯处标志

（1）严禁推门、掰门提示，设置在垂直电梯门上，如图8-6所示。

图8-6 严禁推门、掰门提示

（2）火灾时请勿使用垂直电梯提示，设置在垂直电梯外部墙面处，如图8-7所示。

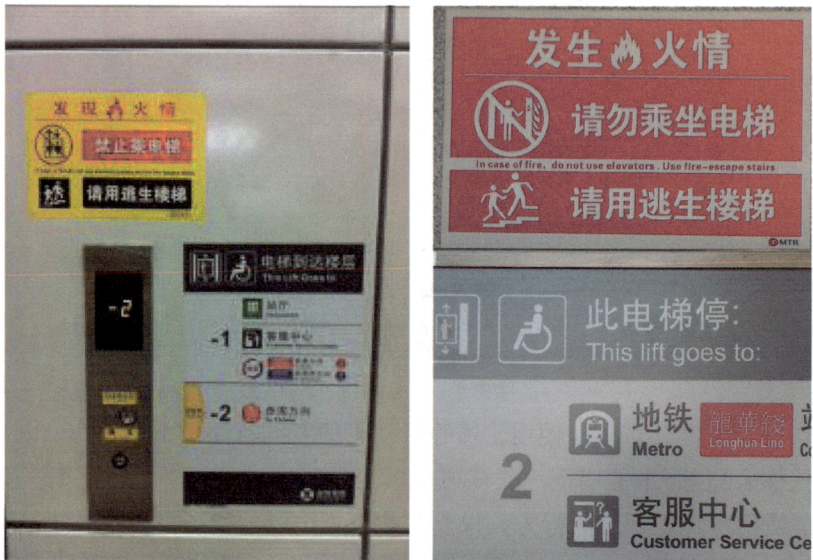

图8-7　火灾时请勿使用电梯提示

（3）电梯安全使用须知，比如，求助电话、紧急情况下应禁止的行为或自救行为等。这些标志设置在垂直电梯内部，于正面或侧面空白处张贴，如图8-8所示。

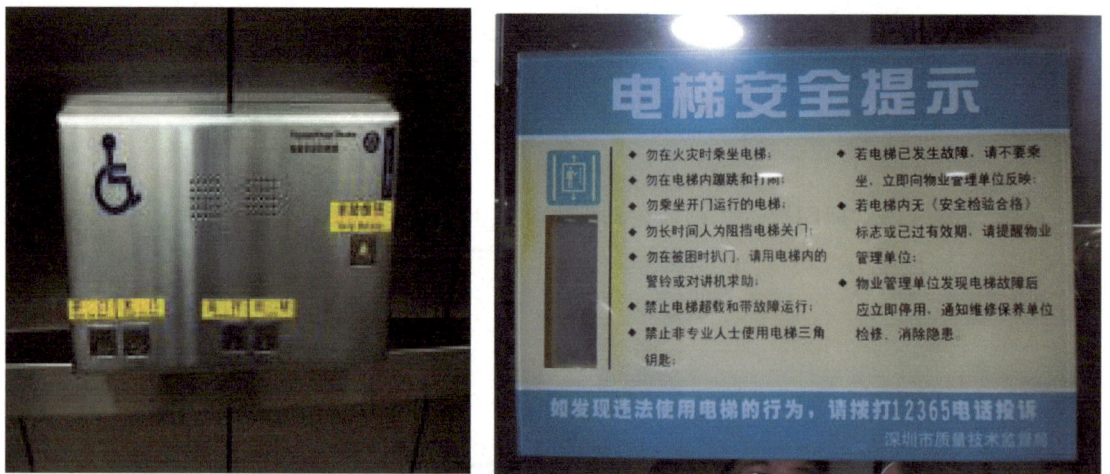

图8-8　电梯安全使用须知

（4）高架站或站外垂直电梯定位标志。

针对高架站、站外垂直电梯背面或侧面缺少定位标志，应补充设置相关标志，配合垂直电梯导向标志使用。由于设置该类垂直电梯处多为露天，背景比较开阔，因此设置尺寸具体以现场环境为参照标准，如图8-9所示。

图8-9 站外垂直电梯定位标志

（5）垂直电梯楼层信息指引标志，在乘客搭乘垂直电梯前，告知乘客各层地点信息，以免误乘，如图8-10所示。

图8-10 垂直电梯楼层信息指引标志

（三）屏蔽门处标志

1. 车厢编号

张贴于屏蔽门左上方与边缘平齐，如图8-11所示，用于车站工作人员处置紧急事件或乘客事务时快速确认、报告或找到准确位置。

图8-11　车厢编号

2．残疾人轮椅标志

用于提示乘客列车车厢内轮椅停放点，贴在对应列车车厢轮椅停放点的屏蔽门的固定门门框上，如图8-12所示。

图8-12　残疾人轮椅标志

（四）专用通道标志

车站设置专用通道，主要是为一些特殊人群提供进出付费区的服务。比如：车站的保安保洁人员，由于工作关系需要频繁地进出付费区；符合免费乘车的群体，需要持合格证件验证进出付费区。这些人需要使用专用通道，车站设置专用通道的导向标志，并告知相应规定，如图8-13所示。

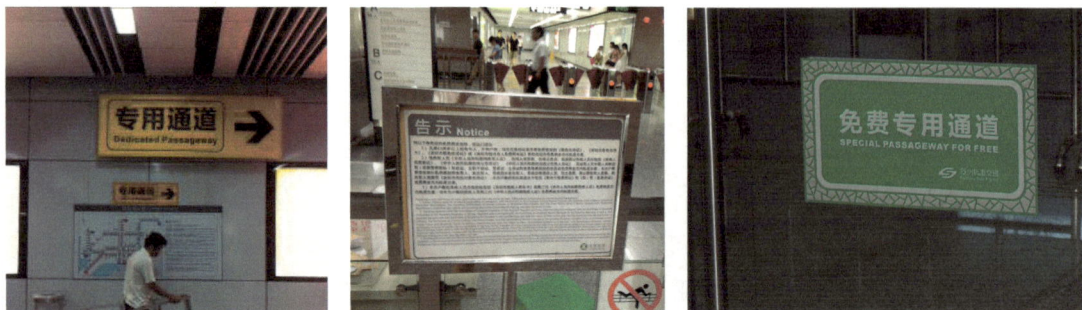

图8-13　专用通道标志及使用规定告知

从通道口开始，沿着进站流线的分叉点安装，或一个方向流线较长，则隔30米设置一个，并在专用通道处设置定位标志。

（五）自动售票机标志

购买单程票的乘客需要熟悉购票程序，否则会导致购票队伍排长龙，影响站厅客流秩序。所以自动售票机除了购票界面友好，还需要设置一些提示标志，如图8-14所示，分别是关于本站首末班车时间、投币口、取票找零口以及操作步骤等提示。

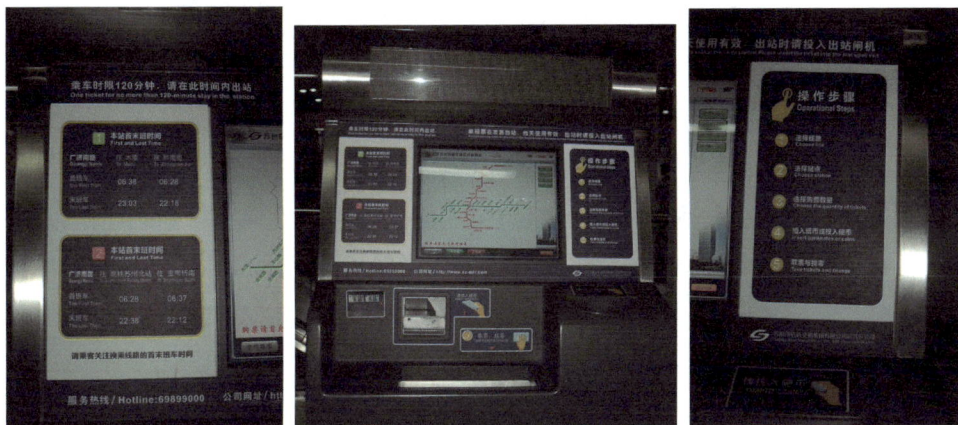

图8-14　自动售票机上的提示标志

（六）应急标志

1. 客流提示标志

用于车站可预见性大客流情况下的客流引导，根据客流组织、疏导方案确定信息内容，必要时可用图形予以辅助表示。

版面颜色：运营线路可统一客流引导类标志的颜色，采用较为醒目的颜色，如一般客流疏导可采用黄色，在流线拐角点或分叉点布置，安装时应与周边标志集中安装。根据视线距离，上边缘高度宜离地面2.3米，如图8-15所示。

图8-15　客流提示标志

2. 换乘标志

用线路色进行线别换乘指引，如：线别+方向+站台编号（方向、站台编号可根据需要选择，一般用于指引侧式站台）。一般根据车站站厅环境确定尺寸，若天花比较高、空旷时，可采用尺寸较大的标志，反之可采用尺寸稍小的标志。

安装位置：根据换乘方式选择，一般设于站台、站厅，设于方向改变的节点、分叉点等，如楼扶梯口附近等，如图8-16所示。

图8-16　换乘标志

原则上在条件具备的场所，在客流组织模式明确以后，换乘导向标志还是以统一规格形式来设置。图8-17所示为设置在通道处的统一规格换乘导向标志。

图8-17　通道处换乘标志

3．屏蔽门故障告示

用途：当某一扇屏蔽门故障时，贴于该故障滑动门上，告知乘客使用其他门。尺寸为A4纸大小，便于车站自行打印。颜色可为灰底白字黄底黑字，尽量与屏蔽门上其他标示颜色统一，如图8-18所示。

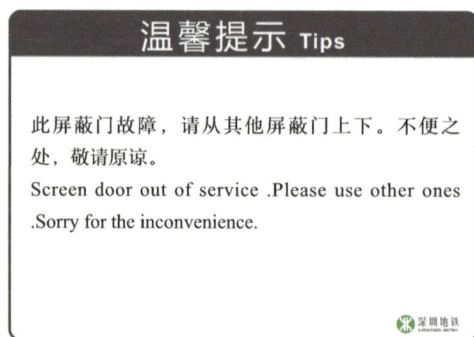

图8-18　屏蔽门故障告示

4．车门故障告示

当某一车门故障时，告知乘客使用其它门。尺寸A4纸大小，便于车站自行打印，可为白底黑字或黄底黑字，如图8-19所示。

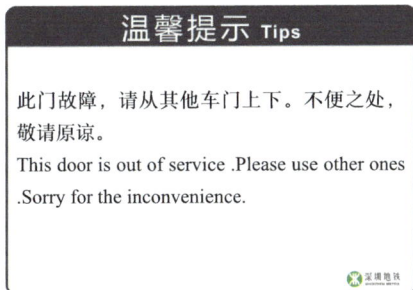

图8-19　车门故障告示

5．暂停服务告示

相关设备设施故障时，告知乘客请勿使用。如图8-20所示，A4纸大小，设于暂停服务设备上。

图8-20　暂停服务告示

6．告示

告示用于提醒乘客注意事项，通常使用统一标准模板，版面留出空白，方便输入内容，大小便于车站打印。告示设于需要提示乘客注意的地方，可利用告示牌作为载体，如图8-21所示。

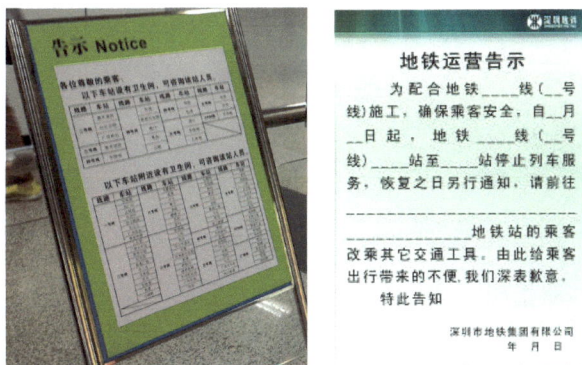

图8-21　告示

7. 公交接驳标志

轨道交通由于列车运行间隔短、运量大，在故障等原因中断运营时，会造成大量乘客涌上地面，给地面交通造成巨大压力，严重时还有可能造成地面交通瘫痪。为此，轨道交通运营单位都制订了应急预案，并与地面公交单位达成共识，在轨道交通中断运营时，启动公交接驳模式接运中断区间滞留乘客。

车站需要制作公交接驳的标志备用，告知乘客某车站或区间行车故障，××方向采用公交接驳应急方案。这种标志一般设于出入口、通道、每组自动售票机周边，可利用告示牌作为载体。

（1）指引标志，如图8-22所示。

图8-22　指引标志

（2）手举牌，用于人工引导乘客前往公交接驳点，如图8-23所示。鲜艳底衬色。手举牌（版面信息为A3大小）。在各节点及分岔点设置。

图8-23　手举牌

（3）公交接驳点线路指引

告知乘客接驳线路，鲜艳底衬色。为方便轻便携带，落地式建议采用X展架、易拉宝或告示牌等。一般立于公交接驳点附近，如图8-24所示。

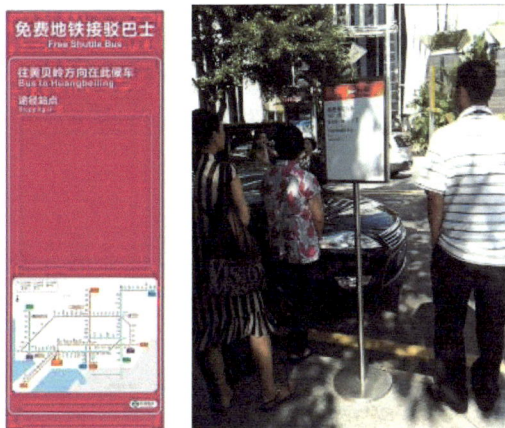

图8-24 公交接驳点线路指引

（4）公交车运行方向

告知乘客公交线路方向，一般采用鲜艳底衬色，可为300×400毫米，硬板，搁置于司机端前方玻璃处，如图8-25所示。

图8-25 公交车运行方向标志

（七）其他类

1. 儿童身高测量标志

结合逃票及儿童购票须知，设置相应标志，引导乘客主动购票，如图8-26所示。

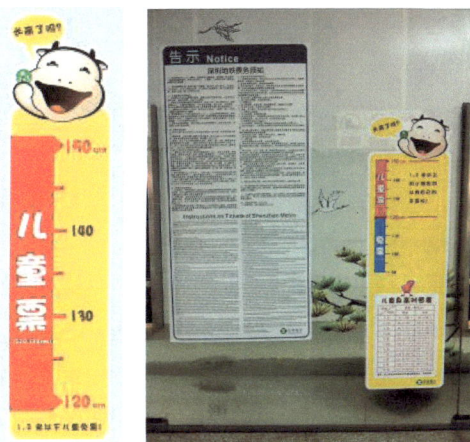

图8-26 儿童身高测量标志

使用生动活泼的设计风格及鲜艳的颜色，吸引小朋友注意。可采用不规则形状，并根据安装位置及版面设计，确定标志尺寸。标志高在1.6米以内。

设于自动售票机、客服中心，进站闸机附近，安装高度应与标志内容中标的实际高度一致。

2. 全线出口信息汇总标志

用于补充向乘客提供全线各站的二级信息，以便乘客了解前往的站点，如图8-27所示。

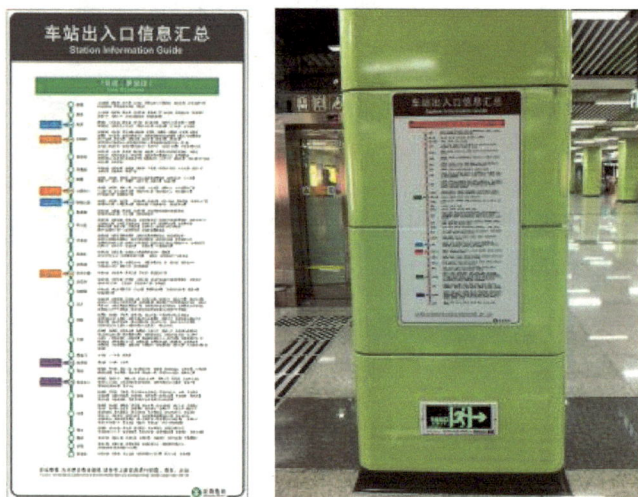

图8-27　全线出口信息汇总标志

设于售票机附近或换乘站进站闸机周边的立柱，上边缘一般距离地面1.8～2.3米。

3. 换乘站首末班车时间标志

告知乘客换乘站末班车时间，以免错过末班车。根据周边环境（如标志、墙面瓷砖规格等）设置，设于出入口玻璃或墙壁、自动售票机附近。如图8-28所示。

图8-28　换乘站首末班车时间标志

4. 盲人标志

盲人标志为盲人提供特殊符号指引，配合盲道，采用通用的触摸式盲文符号设置。盲文应符合国家标准《中国盲文》（GB/T 15720—2008）的规定。

结合地面盲人通道，主要在出入口、站厅、站台、楼梯扶手的起点和终点、垂直电梯内、列车内车门等处设置盲文触摸信息牌。轨道交通线路各车站的盲文标志的布置位置应尽可能一致，使盲人能够通过规则发现和使用盲文标志。图8-29所示为垂直电梯内开关门等按钮上的盲文标志。

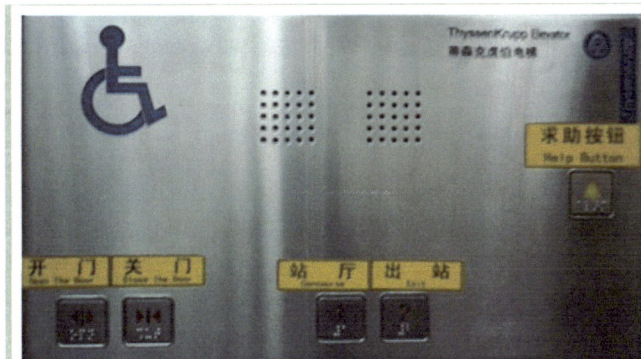

图8-29　垂直电梯内开关门等按钮上盲文标志

参 考 文 献

[1] 住房和城乡建设部标准定额研究所. GB 50157—2013地铁设计规范[S]. 北京：中国建筑工业出版社，2013.

[2] 永秀. 城市轨道交通行车组织[M]. 北京：机械工业出版社，2010.

[3] 北京市地铁运营有限公司. 等. GB/T 18574—2008城市轨道交通客运服务标志[S]. 北京：中国标准出版社，2009.

[4] 中华人民共和国建设部. 城市轨道交通运营管理办法. 2005. http://www.gov.cn/gongbao/content/2006/content292102.htm

[5] 中华人民共和国国家质量监督检验检疫总局，等.GB/T 10001.1—2012公共信息图形符号 第1部分：通用符号[S]. 北京：中国标准出版社，2013.

[6] 中国标准化研究院. 等. GB/T 16900—2008图形符号表示规则 总则[S]. 北京：中国标准出版社，2009.

[7] 中国标准化研究院. 等. GB/T 16903.1—2008标志用图形符号表示规则 第1部分：公共信息图形符号的设计原则[S]. 北京：中国标准出版社，2009.

[8] 中国标准化委员会. GB/T 20501.6—2013公共信息导向系统 导向要素的设计原则与要求 第6部分导向标志[S]. 北京：中国质检出版社，2014.

[9] 中国标准化委员会. GB 15630—1995消防安全标志设置要求[S]. 北京：中国质检出版社，2014.

[10] 北京市劳动保护科学研究所. GB 2893—2008安全色[S]. 北京：中国标准出版社，2008.

[11] 北京市劳动保护科学研究所. 等，GB 2894—2008安全标识及使用导则[S]. 北京：中国标准出版社，2009.

[12] 天津消防科学研究所. GB 13495.1—2015消防安全标志 第1部分:标志[S]. 北京：中国标准出版社，2015.